宜黄古村遗韵

黄初晨 ◎ 编著

文物出版社

图书在版编目（CIP）数据

宜黄古村遗韵 / 黄初晨编著 . -- 北京：文物出版社，
2021.8
ISBN 978-7-5010-7083-1

Ⅰ . ① 宜 ... Ⅱ . ① 黄 ... Ⅲ . ① 村落—介绍—宜黄县
Ⅳ . ① K925.65

中国版本图书馆 CIP 数据核字（2021）第 100152 号

宜黄古村遗韵

编　　著 ／ 黄初晨

责任编辑 ／ 安艳娇　许海意
责任印制 ／ 苏　林
装帧设计 ／ 谭德毅

出版发行 ／ 文物出版社
社　　址 ／ 北京市东城区东直门内北小街2号楼
邮政编码 ／ 100007
网　　址 ／ http://www.wenwu.com
经　　销 ／ 新华书店
印　　刷 ／ 宝蕾元仁浩（天津）印刷有限公司
开　　本 ／ 710mm×1000mm　1/16
印　　张 ／ 18.75
版　　次 ／ 2021年8月第1版
印　　次 ／ 2021年8月第1次印刷
书　　号 ／ ISBN 978-7-5010-7083-1
定　　价 ／ 220.00元

编 委 会

主持单位：政协宜黄县文化文史和学习委员会

　　　　　宜黄县文化广电新闻出版旅游局

策　　划：姚飞翔　叶　峰　何晓雷　谢光明

　　　　　赖昌明　王永和

编　　著：黄初晨

摄　　影：黄初晨　谢光明　袁小明　黄旭光

　　　　　曹永平　杨忠文

序

有着"八山半水一分田，半分道路和庄园"的宜黄，水系发达，山林众多，典型丹霞地貌特征的太极岩风景区，绵延上百里的江南竹海风光，野生动植物资源丰富，省级华南虎自然保护区、省级中华秋沙鸭自然保护区等构成了一幅幅风光旖旎的山水画卷。

建县于三国吴太平二年（257年）的宜黄，是江西省建县最早的古县之一。在近1800年的历史长河中，积淀了厚重的文化，名人辈出：北宋文学家、地理学家乐史，明朝兵部尚书、抗倭名将谭纶，清代禁烟名臣黄爵滋。还有丰富的非物质文化遗产：清雅醉人心的宜黄戏，海内驰名的禾杠舞……体现了民间智慧，已成为国家级的特色文化名片。

这里钟灵毓秀，自然与人文景观交相辉映，山水与历史都藏在了层峦叠嶂的山野间，炊烟袅袅的村落里和历经沧桑的古街中……每一座古村落都承载了厚重的历史，记录着先辈的智慧创造与文化记忆，传承着独具地域特色和民俗风情的乡土文化。每一条老街都珍藏了数代人的回忆与梦想，是城市记忆的母体，更是时光雕琢在历史深处的血脉。在乡村振兴战略背景下，在文化遗产被高度重视的今天，越来越多的人在关注乡村、发掘历史、记录传统，用自己的方式探寻着内心深处的故园。

我在宜黄工作已有十年，利用工作间隙到深山里感悟浪漫与静谧的小山村——周陂，到县城老街上探访"六一世家"恢宏的建筑群，到中港乡静静欣赏"州司马第"门坊上精美的石雕……我深深感到，宜黄是一个神秘和神奇的地方。到底是什么力量，孕育了这片土地上独树一帜的建筑文化？还需要不断地考察与思考来揭晓这个答案。今天拜读了黄初晨老师的《宜黄古村遗韵》一书，

分明感悟到了宜黄雀跃在笔尖上的鲜活历史与凝结在时空中的真实情感，对这里的认知进行了迭代升级，对散落在大地上的一座座村落更是充满了敬畏与感恩……字里行间，自己的追寻进一步接近真实。

在临川工作时就与黄初晨老师相识，他是抚州日报社资深记者，已出版有《岁月留痕——抚州一百古村落行摄记》《文昌里史迹》等图书。他几十年如一日走访在田野乡间，探访一个个藏在"深闺"中的古村，记录一幕幕珍贵的场景，梳理一段段有趣的故事，发现一处处珍贵的遗迹，乐此不疲，流连忘返……我知道他是在与时间赛跑，在与城镇化的速度赛跑，在与逐渐消亡的传统赛跑。他锲而不舍、勤奋不辍、孜孜不倦的精神让我尤感钦佩，也是激励我不断前行的精神动力。

黄老师钟情山水宜黄，钟爱文化宜黄，将39处有故事记忆的乡村和延续县城历史文脉的古街集结成册，是宜黄人民情系家乡、安放乡愁的一大喜事，是抚州传承历史、保护文化的一大乐事，更是江西唱响文化牌、打出生态牌的一大幸事。

历史记录了过去，也昭示着未来。祝愿此书能够早日出版，让世人通过图文的力量感受宜黄历史的悠长，感悟宜黄村落的俊美，感怀宜黄文化的魅力，并畅想宜黄有山有水的诗意故园、有梦有戏的美好未来！

"风景"宜黄，这边独好。

谢光明

2020 年 7 月 21 日于宜黄

目录
Contents

南门路吴家大院为官厅结构，如今人气仍然很旺。

南门路街区：依然明清上河梦

　　徜徉在宜黄老城的街巷里，一不留神，一栋硕大的官厅便凸显于眼前，一位衣着时新的妙龄女子从这雕梁画栋的明清建筑里款款步出，仿佛时空的穿越：雕栏玉砌应犹在，只是朱颜改⋯⋯

　　城中高岭与云齐，城外平湖泛水低。
　　司马头陀精相宅，河东原不及河西。
　　城如罗网依山立，屋似停舟傍水分。
　　好笑县中成两界，南门花木北门云。

　　上为《宜黄竹枝歌》，为清代嘉庆年间榜眼、侍讲学士谢阶树所作，记述的是当年宜黄县城景象。谢阶树是宜黄县城北门人，清代官吏、学者、思想家。

　　200多年过去，司马头陀的相宅术"河东原不及河西"之论，似乎不再灵验了，如今宜黄河东的飞速发展已超越河西，成为繁华都市。或许正是因为开发河东，从而保护了河西老城。

　　宜黄建县于三国吴太平二年（257年），迄今有1760余年历史，因县址设于宜水、黄水汇合处而得名。今天的宜黄河西老城，谢阶树学士描绘的胜景依然历历在目，不仅有众多的古街小巷，明清古建筑也是规整素雅，不胜枚举，其街巷的格局、肌理完整，其井巷空间因山势而蜿蜒起伏，这在抚州县城独具特色，独树一帜，如同活生生的"清明上河图"一般。

　　2019年1月，宜黄北门路历史文化街区和宜黄南门路历史文化街区被列入江西省第四批历史文化街区。

在宜黄朋友的引领下，我数次走进宜黄老城，试图用镜头记录下宜黄老城两大历史文化街区的现状。

南门路

我们先看南门路，我认为南门路与四堡街、鄢家巷、小东关和金斗颗巷，实际为一片区组团，这里有宜黄老城最精华的明清建筑群。

南门路"六一世家"，是欧阳家族世居的地方。是一栋明确纪元的明代宅邸。其门坊匾额署有"继峰舒化书"。舒化，临川人，明代嘉靖年间的刑部尚书，欧阳家族后裔能得到此人题字，非同小可。这一题款也反映出欧阳家族的悠久历史。"六一居士"为唐宋八大家之一的欧阳修。六一居士初谪滁山，自号醉翁。既老而衰且病，将退休于颍水之上，则又更号六一居士。客有问曰："六一，何谓也？"居士曰："吾家藏书一万卷，集录三代以来金石遗文一千卷，有琴一张，有棋一局，而常置酒一壶。"客曰："是为五一尔，奈何？"居士曰："以吾一翁，老于此五物之间，是岂不为六一乎？"

南门路"六一世家"内生活气息很浓

南门路上的"六一世家"

"六一世家"对邻，有清代民居"华严世界"，这里是一代佛学大师欧阳竟无先生幼年生活学习的居所。

欧阳竟无，近代著名佛学居士，佛学教育家、唯识宗代表人物，把一生都献给了佛法研究、佛典整理、佛教教育等事业，为中国近代佛学的振兴与发展作出了重要的贡献。一生著述甚丰，晚年自编所存著作为《竟无内外学》，凡二十六种，三十余卷，均由支那内学院蜀院刻印。

"华严世界"是一代佛学大师欧阳竟无幼年生活学习的场所。

有市民丁立涛说，宜黄老街的"六一世家"近现代还诞生了不少名人，欧阳竟无的堂侄欧阳琳曾任中山舰第一任舰长，后离职避走港沪。欧阳格是欧阳竟无的长子，欧阳钟是欧阳格的侄子。欧阳格、欧阳钟都是中山舰事件的重要人物，尤其是欧阳格，出任豫章舰舰长，助孙中山脱危，风云一时。

"华严世界"天井照壁上"福"字图，工笔画八仙图案，巧妙地嵌入福字内。

从"华严世界"继续上行，这处一老宅的红石门券和红石门匾十分炫目。有长长的石板凳，是市民歇息的好场所。

南门路邹家大宅高大的券式门坊

"华严世界"内的福字

宅内有古井一口，居住在内的这位老太太描述，宅子是"文革"后期购买，据说原来是邹氏人家的宅邸。这品相很好的黄蜡石原本有两块，一雄一雌，就放置在大门前，但雌的被人盗了，才将这块石移放到大门内。

邹家大宅里也有一口古井，井圈由上好的石材制成。

邹氏大宅大门外的黄蜡石本来是一对，被人盗走一块后，主人将黄蜡石搬进院子里保管。

邹氏老宅对门的南门路50号，宜黄老城最美的官厅建筑，高高的大门坊显示了其不凡的格局。

数次匆忙造访，发现粗大的柱础下总是搁置一红色水桶，不解其由。

6月16日，我再次走进南门路50号，巧遇这位主妇提桶汲水洗菜，这才知道原来官厅的左侧天井内是有一口古井的。主妇说，宅子应该是吴姓人的祖业，她公公知道来龙去脉，但前些年走了，她嫁来30多年，儿子已30岁了。

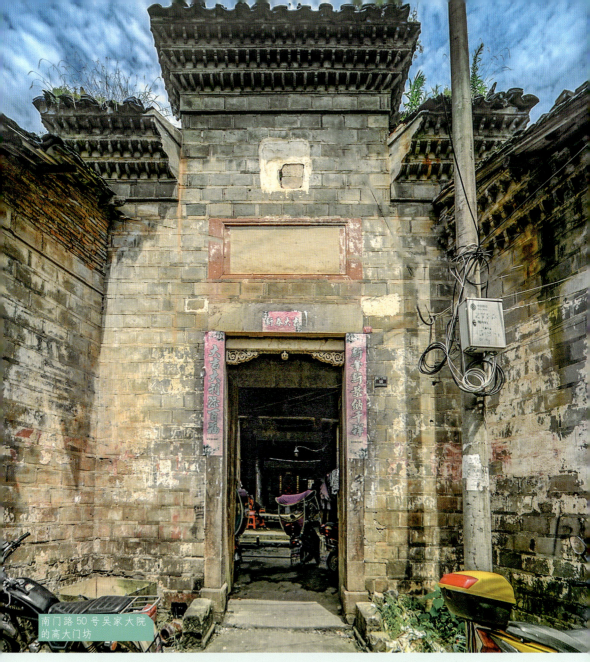

南门路50号吴家大院的高大门坊

吴氏官厅里的大柱础由株树制成，其材质坚固，屹立数百年不坏。

宜黄古村遗韵 7

吴家大院建筑，用料精良硕大，这是一座宗祠结构式的大宅。

井圈上有字，是否能说明官厅的建造年代呢？但井也有可能是后来再凿的。主妇还指点了井圈附近的一行刻字"玉泉仙馆"，似乎也说明了井与宅的建筑年代之间的差异。

市民围坐在硕大的柱础旁休闲娱乐

吴家大院古井仍在使用

吴家大院内的古井，有明确纪年——"乾隆四十七年（1782年）八月廿九日，吴德十六位记"。

再访南门路，见这一古宅：外面不起眼，内中非常宏伟宽敞。

这栋古宅若有门坊，那一定是官厅的结构。因为地处南门路的最高处，空气流动，十分凉爽，夏天是百姓纳凉娱乐的好去处。

四堡街

狭窄、商业气息依旧浓郁的四堡街，在明代时，因此处原系县城东隅四堡之地得名。

四堡街菜市场生意可以从早到晚一直延续下去

四堡街18号地处通衢要道，生意红火。

南门路上的这家小剧场，虽然小巧，但演员演出认真，观看戏剧的也都是这一带的居民。

小东关 2 号也似官厅结构

小东关 6 号门坊上有辟邪用的吞头

小东关 10 号高大的门坊

小东关

　　小东关，是南门路的一条支巷，西起四堡街，向东至黄水边上，与沿江路上段连接，全长 160 米。

小东关巷仍然是县城重要的通衢

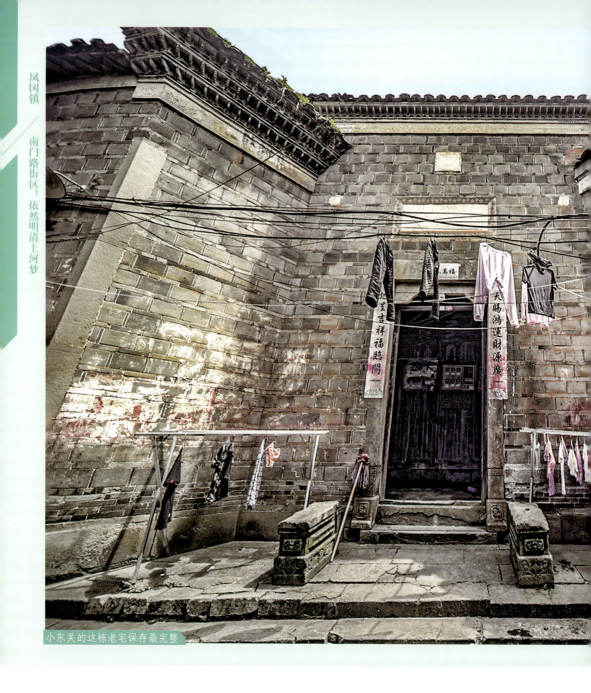

小东关的这栋老宅保存最完整

　　小东关巷也分布着几座老宅大院。有专家评价：小东关两侧界面的虚实转换，轮廓的高低变化，形态饶有趣味，加上门楼上的"吞口"和大门内外的退让与过渡空间，都构成鲜明的地方特征。

　　小东关7号，宅子很美，人气也很旺。

闲暇的时候,小东关的老姐妹们聚在一起聊天唠家常。

小东关这栋老宅的雕刻十分精美

金斗颗巷

南门路最高处，金斗颗巷 3 号，是欧阳竟无大师故居。欧阳竟无 1871 年 11 月 20 日出生在这里。

金斗颗巷 3 号为欧阳竟无先生故居

次阳竟无故居十分简朴

金斗颗巷也有一道红石券门，似乎是专为巷内的一栋老宅设置的。

金斗颗巷红石券门

金斗颗巷黄氏大院的东厢房还保存有菱形花边门框

抚州名人园黄爵滋塑像

　　拐进去后，窄窄的巷道豁然开朗，一座硕大的保存十分完整的清代民居院落展示在人们面前。

　　宜黄老城民居不似如今的空壳村庄，这里依然人气很旺，书声琅琅。

　　据居住在内的人介绍，他们姓黄，是宅邸的原主人。我在想，在宜黄老城街巷内名人故居众多，且多有黄氏家族建造的宅邸，但缘何不见宜黄乡贤、清代禁烟先锋黄爵滋故居？金斗颗巷的这栋黄氏宅邸是哪一位先贤的故居呢？

金斗颗巷黄氏大院是一个相对隐蔽和独立的大宅院

金斗颗巷黄家大院一角

金斗颗巷黄家大院的柱础有明代风格

北门路街区悠长的巷道，
多少过客匆匆。

北门路街区：起伏转折倚凤冈

在抚州众多的县区城镇中，已历千年的宜黄老城，是一个性鲜明、特色突显的老城——南北狭长，东西略窄的格局，北低南高，东临宜黄河。几条街巷通向河流，几条街巷通向山坡，起伏转折，趣味盎然。

最重要的是，宜黄老城尚存大量的原住民和原有的生活形态，一些名人家族文化内涵——比如欧阳、黄氏、吴氏、邹氏等大家族的明清官厅、古井、古门坊及庞大的民居建筑群，都原汁原味地保存了下来。

老城北门路历史文化街区，应该涵盖北门路、教场巷、文娱路、风神巷、西门路、东门巷等街巷，这些街区均保存有大量的传统民居。

北门路

从府前街进入北门路口老街，这里至今还是非常热闹的市场，"T"字形巷道转折空间，引人入胜。

北门路口，商家云集，热闹无比。

北门路是老城最长的一条街巷，从城中大井头至西马路止，全长340米。北门路有最具老城标志性的建筑——两道街心红石门券。红石的门匾，当街横跨，使得街巷空间景观有了变化。

在北门路，我曾向村民打听禁烟先锋黄爵滋故居在老城何方，有热心居民告知，黄爵滋故居在县城老城北门上，北山脚下，那里住着众多的黄氏子孙，有《北山黄氏十三修族谱》为证。

这两座红石券门，是北门路历史文化街区
不可替代的标志性建筑物。

入夜，北门路的这两个红石券门显得更加
古朴幽静。

　　我在北门路北山脚下找到了 42 号、46 号等几栋深宅大院，但尚不清楚黄爵滋故居是哪一栋。

　　"大花替木"是宜黄民居的特色，但在老城，我仅在北门路看到这么一处。

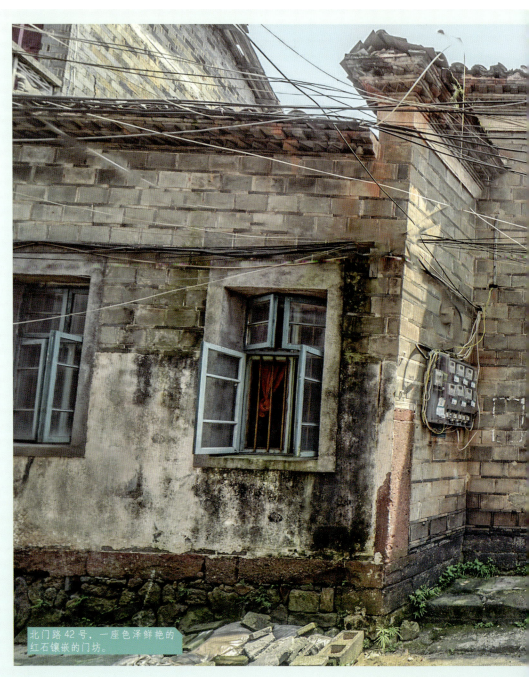

北门路 42 号，一座色泽鲜艳的红石镶嵌的门坊。

大花替木，是宜黄民居建筑的一大特色。

北门路上的古井

这栋老宅临街有门脸，除居家外，还可商用。

北门路 44 号为三进两天井的格局

北门路 44 号，一栋老宅的门坊。

教场巷

从大井头拐弯处向西至西马路中段相接。全长 280 米，宽 2 米，此巷始建于元初（1271~1285 年），巷侧原为教练武术之场地，以此得名。狭窄的巷子中间，坐落着众多高大的深宅大院。

教场巷的坡度在这里显现

教场巷 1 号，因为巷道狭窄，我只能用 12 毫米的超广角镜头拍下门坊的全景。走进里面，看到只有一位老太太，90 多岁了，老太太很慈祥，不仅让我拍照，还告诉我，这栋老宅是黄氏的家产。厅堂的照壁上有匾额，可惜被石灰覆盖了。

教场巷1号，是黄氏的老宅。

宜黄橱子是抚州著名的家具，这只橱柜简洁明快，年代久远。

教场巷1号的这位老太太已经90多岁了，如今偌大的院子里，只见她一人在守望着。

宜黄古村遗韵

教场巷3号，一栋清代嘉道年间的建筑，其门坊高达8米。

教场巷 3 号，足有 8 米高的门坊。此刻，吴氏老太太正在门口晾晒被子。

从里屋的梁架构建看，只是一清中晚期建筑。

宜黄老街人都很热情，偶遇教场巷的一位小姐姐，是她让我进入她家三层楼的小阳台，俯瞰对门的这栋老宅。

教场巷 3 号的内部建筑结构

教场巷 3 号的这位老太太在大门口晒被子

教场巷 6 号门坊，也是红石框边，色泽鲜艳。

教场巷 6 号的高空俯视图

双层石鼓状柱础

教场巷有四座古井

　　教场巷 11 号，位居较高的山坡上，一栋官厅结构的老宅，梁架上有古老的斗拱，我怀疑是否为当年武术教场的遗址。

　　鼓状的双层柱础，历史久远，虽然被现代杂物包围着，但仍掩饰不住其伟岸华丽的身躯。

　　教场巷的古井，井圈上有合众修缮的时间。

教场巷最高点的这栋老宅，年代久远，其内部结构也似官厅。

这栋宅子的内照壁，有匾额，可惜被石灰糊住了。

教场巷最高点的这栋老宅，年代久远，其内部结构也似官厅。

文娱路

直对北门路，只隔学前街，在过去应该是北门路的延续。

文娱路深深小巷

文娱路上的多座门坊，其风格大同小异。

文娱路也有许多深宅大院，下面的这一建筑组团十分壮观。

文娱路街巷里住着不少老人，伴随他们的是一幕幕温馨的生活画面。在这幅画面下，有宜黄读者卓望潮留言：你虽未找到黄爵滋故居，却无意中拍到其后裔黄清明老人（84岁）夫妇晾晒红白双色棒球帽的照片。他家就有《北山黄氏十三修族谱》，我为寻根，曾翻看过他家藏有的族谱。

黄氏是宜黄大族，清朝禁烟先锋黄爵滋就是县城北门路人士。有知情者告知，这两位老人是黄爵滋家族后裔。

东门巷、西门路两条街巷的民居建筑也是非常有特色的。

宜黄老城民居极少有"加官晋爵""指日高升""一品当朝"之类的门坊雕刻，风神巷的"状元荣归"图，填补了这一空白。

"状元荣归"图，在县城老街上看到的精美雕刻。

文娱路深深小巷

学前街

　　学前街是宜黄老城的主街道，有1360多米，此街是解放后由原务前街、学前街扩建的，学前之由来，因街中心在原"圣学"门前而得名。

　　学前街原有一家老字号的理发店，2008年12月，我从黄陂镇拿山村采访回来，在店里享受了一次很惬意的老手艺理发。

　　那个晚上，宜黄朋友还带我到老街观看难得一见的宜黄民间艺人的戏剧演出。

恩榮

大司馬

厯進士兵部尚書譚綸

大司马牌坊局部

潭坊村：绳其祖武居之安

　　牌坊是封建社会为表彰功勋、科第、德政以及忠孝节义所立的建筑物。"六柱牌坊"，俗称"六脚牌坊"，为牌坊类型中非常独特，数量稀少罕见的一种，在中国主要见于江西省抚州市。

　　目前抚州所知六脚牌坊仅为三座：宜黄潭坊"大司马"牌坊、乐安同富"科甲丛芳"牌坊和临川兰溪曾家"父子兄弟叔侄同朝"牌坊。

宜黄河流经潭坊，古时水运十分发达，此处设有多个码头。

凤冈镇

潭坊村：绳其祖武居之安

恩荣

大司馬

繪譚書尚部兵士進辰甲清嘉

修缮后的全国重点文物保护单位大司马牌坊

闻说宜黄潭坊"大司马"六脚牌坊修葺竣工，我立马赶往潭坊村一睹为快。

潭坊"大司马"牌坊建于明朝万历二年（1574年），此为目前保存的抚州六脚牌坊建造史上最早的。潭坊村原为潭坊乡所在地，后并入凤冈镇。潭坊是明太子太保、兵部尚书、抗倭名将谭纶故里。在明清两朝，这里曾是一个显赫家族的聚居地，出过兵部尚书、御史大夫、资政大夫……

潭坊村四面山环水绕，风光旖旎。据《宜黄县地名志》载：潭坊位于凤冈镇东北部10公里河西平地上。潭坊余氏为一大族，有余氏大宗祠。

《潭溪余氏八修宗谱》载：南宋绍兴年间（1131~1162年），余氏由崇仁县杜山迁此，在深"水潭"下方沿溪建宅。后邹、鄢等8姓陆续迁入，成为大村，有街坊，习称潭坊。

抚州名人园谭纶塑像

大司马牌坊位于村东，是明嘉靖朝为时任兵部尚书的谭纶所建，整座牌坊以六根青石为柱，用巨型青石板石匾拼成整座牌坊的屏面，每根石柱底部半米宽见方，高20余米，重3万余斤。所有石料均采自四川，费时半年才运到。牌坊正反两面均有题字和各种雕花图案，正中自上而下题字：上层为直书"恩荣"二字；中层为"大司马"三字，据说为万历神宗皇帝御笔；再下是"嘉靖甲辰进士兵部尚书谭纶"横匾。题字匾的周边，嵌以多种图案，有文官武将、珍禽异兽、祥云瑞月、花草虫鱼等，十分珍贵。所有图案采用镂空、浮雕技术雕刻，精美绝伦。

大司马牌坊雕刻细节及书法

大司马牌坊上的精美雕刻

其中有一幅双狮戏球图和麒麟献瑞图，尤为精致，线条柔和细腻，呼之欲出，栩栩如生。据史料记载，从宋至清，潭坊出进士人数占全县一半以上。著名的抗倭名将，被戚继光、俞大猷尊称为"恩公"的明朝兵部尚书谭纶为杰出代表。

潭坊村至今仍保存有众多风格别致的古建筑。"绳其祖武"出处：《诗经·大雅·下武》："昭兹来许，绳其祖武。"意思是踏着祖先的足迹继续前进。比喻继承祖业。

潭坊街"绳其祖武"照壁

潭坊街儒林第，门圈上的吞头形象夸张。

潭坊新街 59 号大夫第

星辉南极门坊上有红石八卦图，有明确的建筑纪元：民国二年邱立吾书丹。

有明代气象的余氏大宗祠，是潭坊保存较完整的传统建筑，雕刻精美。 民国初年，潭坊也出了一位将军余鹤松，余氏大宗祠为这位乡贤立牌。 余氏大宗祠内的柱础雕刻也十分美观，保存良好。 潭坊街 45 号恒盛号货栈旧址，潭坊街一景。 这个名叫"大井头"的水井水质上乘，潭坊合众多次重修。

余氏大宗祠内部结构

余氏大宗祠的榫卯结构

策授陸軍少將

民國四年三月穀旦

大總統府軍事諮議官
前江西混成旅旅長 余鶴松立

余氏大宗祠中央懸掛的牌匾

宗功啟百代文明

宗功浩大想水源

余

祖绩抵千秋大业

倍高世子孙同志

余氏大宗祠的雕刻细部

余氏大宗祠里的柱础

　　明代中叶以来，潭坊盛产蚕茧、丝线、纺绸、大米、藕粉、板栗、黄栀子，经济繁荣，百姓安居乐业。据《万福桥记》载："如丝酬渡，远通广、闽，近接盱江，东近临川、金溪，西穿崇仁、乐安，往来车马担簦负贩者，日不知几何人也。"清代后期，丝线和纺绸市场逐渐被机织品占领，加上自然灾害、兵燹，潭坊经济日渐衰落。

　　位于潭坊村万福桥东的三元宝塔。明万历五年（1577年）建造，塔身为八面七层，墙实中空，无梯可上，高12.4米，对角直径2.8米，全用青麻石砌成。潭坊民居门匾上多有这种辟邪吞头。据传明万历年间潭坊一带发生鼠疫，百姓遭灾。谭纶得知后，敦促家乡官员迅速灭鼠害，又有乡民创建此塔以镇"鼠妖"。塔门两旁有红石刻字对联"宝塔镇乾坤隐隐乡民昭福泽，金仙安世界巍巍惠日灿祥光"。

村东南有清嘉庆十九年（1814年）立的节孝牌坊，牌坊上刻有"旌表监生邹际标之妻邱氏节孝"，四立柱六层，正中刻建坊历史记录，排列着从朝廷到县衙各级官员的官职和姓名。牌坊装饰着云龙、花卉、鳌鱼等精美图案，有双龙戏凤、梅鹤朝阳、文臣武将、鱼跃龙门、仕女飞天、竹菊等，图案用镂空、浮雕、阴刻等雕刻手法，纹脉细腻，线条流畅，中间立柱对联一副，为"节励冰霜辛勤鞠子，名镌金石申命临孤"。整座牌坊构思巧妙，雕刻精细，图案华美，书法绝伦。

潭坊邱氏节孝坊的精美雕刻

此外，村中还有郦江渡口的"揽翠坊""庆德流芳"坊等名胜遗址。

潭坊村民寄言于我：

看到"昭兹来许，绳其祖武"匾额，就想到我们村姓名字派"昭兹来许，绳其祖武。於万斯年，受天之祜。"从儿时到现在都能背诵出来，但始终不解其中的意思和出处。看了本文注明的出处，特意上网查询了释解才知道，这短短的两句，16个字里面充满了宗族对子孙后代寄予的厚望和祝福。

这些年在沿海谋生，总有一种感觉——家乡文化推广力度太小，乡贤谭纶，在浙广一代是很有名气的，很多地方都有祭祀谭纶的祠堂，这也是我们潭坊人的骄傲。

潭坊三元塔

万福桥旁的大樟树

这根竹竿既是小船的撑竿，也是
管辖鸬鹚的指挥棒。

仙三都：宜黄河畔鸬鹚飞

夕阳、湖面、垂柳、稻田、渔船、渔人、鸬鹚……这是小学语文书中的课文《鸬鹚》描绘的一幅宁静的画面。

　　十余年前，宜黄、黎川两县少数沿河村庄，还可以观赏到鸬鹚捕鱼这一独特而美妙的风景。黎川鸬鹚捕鱼的工具为竹筏，而宜黄则是木制小渔船。

清澈见底的宜黄河水，不仅有鸬鹚捕鱼，还有一道村姑浣纱的风景线。

仙三都鸬鹚捕鱼，吸引了外地游客前来观光。

　　今天先表宜黄县凤冈镇仙三都村，这是当年本市最有名的鸬鹚捕鱼专业村，2005年9月、2006年10月、2007年5月，我先后三次来到该村采访拍摄。

　　仙三都村依山傍水，村庄周围是郁郁葱葱的树林，清澈如镜的宜黄水给村庄增添了一道亮丽的风景线。

　　通济桥是该村与外界联系的主要通道，始建于清代康熙年间，由原黄华桥改建成 10 孔石拱桥，因通过捐资兴建而名通济桥。解放后的 1972 年，该桥升高加宽为钢筋水泥桥面，但石拱桥基未变。

　　仙三都为陈、刘、郭等多姓聚居。《宜黄县地名志》载：南宋景定年间（1260~1264 年），陈姓由乐安县金竹迁此。以此地古属仙桂乡三都管辖得名。

　　过去，这里曾流传着这样一句话"刘打鱼，郭造船"。村民靠造船、打渔为主要经济收入，白天泛舟于河中，利用鸬鹚捕鱼；傍晚，带着劳动成果施施然回家，过的是恣恣然的生活。

　　已经 60 多岁的刘洪茂还在操持渔业。刘家祖传三代都靠鸬鹚捕鱼维持生计，刘洪茂 18 岁时跟父亲学鸬鹚捕鱼的技术，在宜黄河捕鱼已近 40 个年头，他的两个儿子也学会了鸬鹚捕鱼。

　　最开始，刘洪茂的鸬鹚是从江苏太湖买来的，后来他自己学会了鸬鹚繁育。

　　每天中午，刘洪茂便挑上鸬鹚从家里出发到达宜黄河边，撑着小船开到那些鱼儿多的河段，放开鸬鹚捕捉鱼虾。

当鸬鹚浮出水面，他便用竹篙挑起鸬鹚抖落鱼儿入篓，捕到大鱼的鸬鹚可以享受一条小鱼的美味，通常一个下午可以打到十多斤鱼。

傍晚，他便撑起木船在夕阳中返程。春夏季节，鱼儿多的时候，他会在晚上也下河捕鱼。马灯（汽灯）在夜间鸬鹚捕鱼作业中是常备工具。

那些年由于河面建水电站等缘故，鱼儿渐渐少了许多，但他还是每隔一两天就下河捕鱼，因为鸬鹚捕鱼是他一生为之的职业，鸬鹚为他增添许多快乐……

汽灯是夜间捕鱼的工具

鸬鹚捕鱼及仙三都美丽的风景吸引了不少市民前来观光拍摄（由于目前宜黄河属禁渔时期，仙三都的鸬鹚捕鱼也暂时停业了）。

捕鱼归来

寒峰碛村：孤在深山有远亲

　　在宜黄、临川、南城三县交界处的崇山峻岭中，隐匿着一座美丽的小山村：寒峰碛村，它在梨溪街东南 10.5 公里深山坳上，因村处高山石碛旁，气候寒冷而得名。然而，当年鼎盛时有 100 多人的村庄，如今只剩下一位名叫陈求香的残疾老人，还蜗居在老宅里痴情地守望着……

　　老人因患小儿麻痹症而终身未娶，不久前，又因检修屋漏，从高处摔下来，行动更加不便了……

　　山村留守老人的生存状况引发了抚州志愿者的牵挂，他们把老人当作自己的亲人，给予无微不至的关怀，他们一次又一次地跋山涉水，给那座遥远小山村的老人送去温馨的记忆……

结庐在人境，而无车马喧。在这里可以静静地享受陶渊明笔下的桃源仙境！

山道崎岖险峻，却风光无限。

宜黄的志愿者骑着这种奇巧的四轮山地摩托车进山来，它翻山越岭，如履平地。

2016 年 11 月 6 日，老人的七十大寿，无儿无女的老人佝偻着身子，倚着山门、噙着泪花翘首相望，嘴里不停地喃喃自语：你们上路了吗？今天一定要来哦……

远山在呼唤，抚州志愿者们，你们上路了吗？

带着爆竹蜡烛、背着棉被、衣物和食品，志愿者踏上漫漫征途。

山道崎岖险峻，但风光无限，这一路流水潺潺，大小瀑布惹人驻足。

为了保障志愿者的行程安全，远居他乡的陈求香弟弟，一大早就赶到山里巡查路况，铺桥修路，搀扶妇幼趟过小溪。这一路泥泞险峻，多有新鲜泥土和树叶，都是陈求香弟弟整理过了。志愿者一个个弯腰弓背，小心翼翼地通过。

小溪的旁边，但见一座古色古香的建筑……远远地，陈求香依恋的美庐就在青山下，茅草丛中。

陈求香老宅前，溪水淙淙。先期到达的志愿者撸起衣袖，立马进入工作状态，帮忙干起家务活来。

柴火灶冒出了青烟，阵阵清香从厨房里飘出，只见一位忙碌着做饭、炒菜的青年妇女，开始以为是陈求香的亲戚。后经了解，才知道她是宜黄县梨溪镇的一位女企业家，姓陈，九江人氏，嫁到梨溪镇，她既是宜黄县政协委员，又是一位爱心人士。自从媒体报道了陈求香老人的事迹后，小陈就一直关注着老人。今天，她带着儿子最早赶到寒峰碛。小陈干起家务来手脚麻利，一个上午都在忙碌着……

志愿者"默默"又在为老人理发。我从报道中得知，几年来，她曾7次特地从抚州来村里为老人理发。

喜欢四处转悠的我，发现寒峰碛村有多处奇异的构建，我猜测，这应该是古代村民用于祭祀的吧？另外，陈求香老人的老宅内的雕刻也是异常的精美，其材质光滑细腻，似是黄花梨木！

人生七十古来稀，让老人过一个热闹喜庆的寿辰，志愿者在老宅门前张贴对联、放爆竹、点蜡烛，他们为老人寿辰想得很周到！

清点了人数，赴寒峰碛村参加陈求香老人七十寿辰庆典的抚州志愿者，总计25人。

身虽残，志愈坚！70年来，老人坚持自食其力。团峰聚四季鸟语花香，蜂飞蝶舞，养蜂酿蜜是老人的一笔主营收入。这样原生态的蜂蜜，也是志愿者津津乐道的，每次来，都要大瓶小罐地买许多回去。

志愿者在老宅门前张贴对联

无儿无女的陈求香老人，却有一大群志愿者为他祝福生日。

赴寒峰碛村参加陈求香老人七十寿辰庆典的抚州志愿者全家福。总计 25 人。

素昧平生的梨溪企业家、爱心人士陈女士得知老人过生日，特地赶来祝贺，并帮忙干活。

　　香喷喷的羊肉烧好了。羊是临近村子的村民放养的，知道老人过寿，牧羊人特地宰杀了一头羊，让城里人品尝一下这原汁原味的山珍美味。对于这顿美味，老人要付钱，志愿者说什么也不同意。

　　吹蜡烛，切蛋糕，齐唱生日快乐歌，戴着黄色桂冠的老人激动地说：做梦都没有想到，我一个山里的孤寡老人，能遇上这么一群好人，今天是我这一辈子最幸福的时光！

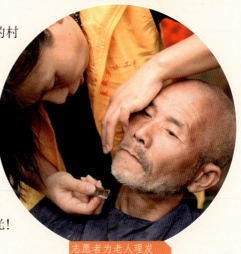

志愿者为老人理发

高崖瀑布远叠山，动听雀鸣静听蝉。上狮溪有迷人的田园峻岭风光。

上狮溪村：带醉披红横碧水

高崖瀑布远叠山，动听雀鸣静听蝉

不知松竹谁先绿，难辨水天哪最蓝

忽逢桃花岸，白云裹红团

牧笛惊花雨，花蝶戏流泉

桃花源头随梦远，忽在天际忽眼前……

鸟儿在鸣唱着

这一首由著名歌手陈思思演唱的《梦入桃花源》，是摄友晨龙捷足先登，发在他制作的彩视《上狮溪村》内，感觉与周日我们一同踏访的宜黄梨溪镇上狮溪村的意境十分相仿。

久闻上狮溪村大名，去年底，我们就有意去探访，但因突发新冠疫情而被禁足。上个周日，我们终于熬到了头，趁着柳绿桃红，明媚春光，我们一行驱车直奔上狮溪村。

我们先到了下狮溪村，在和煦的春光里，八十多岁的老人在看书，年轻的母亲在为女儿梳头、小哥哥推着弟弟遛弯、小溪里响起了欢乐的捣衣声……一派宁静祥和的景象。

由于宜黄的摄友没有看朋友圈内的信息，我们到达梨溪镇时，人们还在混混沌沌地睡早觉，弄得人生地不熟的我们到处碰壁，东寻西问打听的，不仅走了不少弯路，有些景点还没有看到，但也有意外的收获。

上狮溪村口的总门，十分险峻，有一夫当关万夫莫开之势。据说，到20世纪90年代，上狮溪村还只能靠两条腿走上去。大山里头那些木、竹，村民们也只能扎成木排、竹排经由水路运往山外。

上狮溪村的总门，藏在一座山隘里，十分险峻，外人难以进来。

上狮溪村位濒梨溪东南7公里大山沟内溪水两旁，为多姓聚居。《爽溪谢氏六修谱》载：明嘉靖年间（1522~1566年），谢姓由爽源析居，继而邹氏（由潭坊）、吴氏（由县城南门）迁此。因村上方有似狮之石卧于溪水中，村以此名。

香山公祠，我开始还以为这是白居易的后裔村。一问，才知道"香山公祠"是纪念邹氏的一位香山公的。邹氏是这里的最大家族，香山公祠有明代建筑之遗风。

在村里，一位邹姓村民给我讲述了这栋老宅的故事——神龛只有在春节期间才会全部安装，那个仪式非常庄重。

香山公祠，并不是纪念白居易的，他是纪念邹氏家族的开基祖先。

香山公祠有讲坛、内部结构也似书院。

　　明代嘉靖年间，始祖邹公生有 4 个儿子，老三特别机智伶俐，始祖便安排他外出做生意。一天深夜，在外地经商的老三遭遇一起凶杀案，见一被追杀的人，将一包裹扔在草丛里。老三悄悄地捡了回来，一看竟是一堆晶莹灿烂的金银珠宝。次日，老三打听清楚了，其实这一凶杀案属于黑吃黑。为了避免凶手追寻。老三设了一个

宗祠里的雕刻，是和合二仙的图案，但又加了伏虎与戏蟾内容。

俯视上狮溪，见群山环抱，如观音坐莲。

苦肉计，让妻子四处散布风声，哭哭啼啼说丈夫无能，身无分文，找了个时机，妻子便弃丈夫跑回了娘家。老三从此高枕无忧。几年后，开祖公的三儿子便在上狮溪的水口上建了一座住房，为了挡住煞气，留住风水，又在住房边建了这座漂亮的祠堂。这是个传说。

炊烟袅袅

村里建筑环绕狮溪水

上狮溪是个四面环山的盆地。

数百年来，村民们在这个世外桃源般的小山村里，过着日出而作、日落而归的田园生活。

上狮溪十分重视人才培育，在村子的东西两端各建有一座书院，如今书院的门

"秀邑天屏"民居

凤鸣书院只剩下这座门坊了

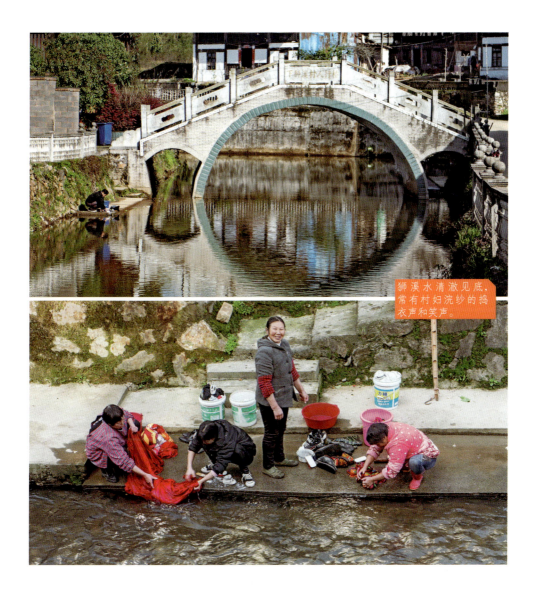

狮溪水清澈见底，常有村妇浣纱的捣衣声和笑声。

匾清晰如故："秀邑天屏""凤鸣书屋"。

上狮溪农耕文化遗存丰富，这个大木桩子曾是压榨竹笋工具，如今已被废弃，但还是有人喜欢收藏。

狮溪水九九八十一道弯，为了便利交通，村民在溪水上建了许多桥梁，这些石拱桥充盈着劳动人民的智慧。

黄水晨浣曲

二都街：雕栏玉砌应犹在

一叶蔽目，不见泰山；两豆塞耳，不闻雷霆。

这两句颇具哲理的成语，可以用来形容我们在踏访宜黄二都街前后的感受！

行走于宜黄古村镇，二都街似乎是一个不屑一顾的地方，多少次的擦肩而过，是去看谭纶墓，或是去看黄陂、东陂……

偶尔看见二都街的指示路牌，也曾思谋进入瞄一眼，但见外围高楼林立的现代建筑，只好苦笑一声作罢。

直到今年春季，宜黄邮政部门朋友小章发来一张窗棂图案照片，这"人勤天地"四个篆字，颇费时间进行破解。小章说这是宜黄二都街的，邀请我去游访，似乎引发了我的兴趣：这么精美的窗棂，料想其宅邸一定不差矣！

二都街"人勤天地"窗棂

莫不是我们过去只重外表的判断错误？但宜黄的摄友们也是从来未曾谈及此二都街啊，种种迹象表明，二都街尚属"藏在深闺无人识"之阶段。

5月19日是周六，摄友老衲驾宝骏下宜黄高速，接到了宜黄摄友光明一行五人，将信将疑地走进二都街。

本来说好要当导游的邮政小章，因风靡全球的"5·20"将至而缺席，满怀愧疚的他，从网上发了二都街三大块传统建筑群的位置图，让我们按图索骥。

其实进了二都街中心，你就能很容易地瞧见"人勤天地"窗棂的那栋传统建筑。这一栋是我黄氏为之骄傲的晚清传统建筑，据说是棠阴君山村迁徙而来的兄弟俩的宝邸之一。

在"人勤天地"老宅里，巧遇喜欢汉服且有一定研究的二都街女孩小黄，她为我们在古宅里的拍摄提供了无私援助。

"人勤天地"古宅为三进两天井式，其窗棂因为缺了对图，比较难于解读。

二都街位于县城西南14公里公路的东侧平地上。是一个多姓聚居的地方，传始居江姓，建宅杏树旁，故名杏花村。《锦口侯氏九修宗谱》载：元至元年间（1264~1294年）侯氏由侯坊迁此。后因地属崇贤乡二都管辖，而改称至今。《梅溪余氏五修宗谱》载：元至正年间

在这栋古宅里，偶遇喜欢穿汉服的二都女孩。

（1341~1368 年），余氏由县城南门岭余家巷迁此。

二都街又分上、下街，随着辖地扩大已有部分村组并入街区。二都街传统建筑多为余、黄、艾、洪、陈等姓氏，规模较大的民居为余氏和黄氏所建。

村民称其为"石鼓屋"的宅邸，是清代二都富豪余国炳所建，余国炳清康熙朝生人，"石鼓屋"建于乾隆年间，为仿明建筑。

斗鸿昌隆商号，墨书的字号清晰可见。

二都街"石鼓屋"宅邸，是清代二都富豪余国炳所建。余国炳，清康熙年间生人，"石鼓屋"始建于乾隆年间，为仿明建筑。

　　"石鼓房"雕梁画栋，是典型的官厅规制。据住在其内的余氏后裔说，余国炳是因为捐了五品官衔，因此才能建造官厅。

石鼓屋内的梁架

　　"石鼓屋"的四幅壁雕，粗看为"阙路封侯"，但江西解图大神秋意认为分别是：白猿献寿、喜报富贵、松鹿长春，是爵上加爵之喜庆。

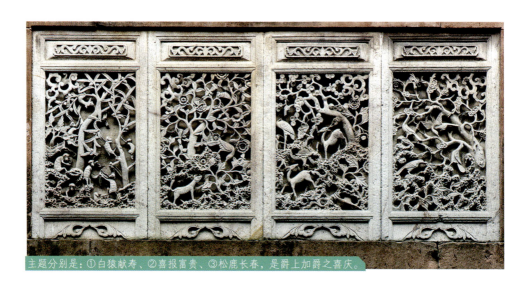

主题分别是：①白猿献寿、②喜报富贵、③松鹿长春，是爵上加爵之喜庆。

从高空俯视"石鼓屋"，其建筑面积庞大，为二都街最豪华也是保存最完整的清代宅邸。

保存这么完整、又如此气派的官厅，在宜黄实在难找第二栋。

锄禾归来

从二都街"石鼓屋"出来，在热心的村民余京武的指引下，我们发现了二都街海量的传统建筑，有业内人士指出，二都街的传统民居在宜黄仅次于棠阴镇，由于人迹罕至，有些宅邸特色及完整度甚至超越棠阴。

二都街的门坊吞头与门匾齐全

余瑞璜故居

余瑞璜院士雕像

二都街 145 号，是近现代名人、中科院院士余瑞璜的故居。

余瑞璜（1906~1997 年），宜黄二都人。著名物理学家，吉林大学物理系创始人，中国科学院数学物理学部委员。

清光绪三十二年三月初十，余瑞璜出生在二都街这栋屋子里，是一农民家庭。一岁时，父亲病故。母亲承担了全家生活和教养子女的重担，同时也是余瑞璜的启蒙老师。从余瑞璜四五岁时开始，母亲教他背诵古诗，给他讲述历史故事，教育他求知和爱国。在小学阶段，数学老师给他打下了良好的数学基础并培养其钻研精神，为他以后的科学事业垫下了第一块基石。

余瑞璜 1930 年 1 月毕业于中央大学（1949 年更名南京大学）理学院物理系，1937 年获英国曼彻斯特大学理学博士学位，后为吉林大学教授。30 年代研制出中国第一台盖革计数器。1942 年创立 X 射线晶体结构分析新综合法，被国际晶体学界誉为国际上第一流晶体学家。40 年代研制出中国第一台抽气式 X 光机，1950 年研制出中国第一支医用封闭式 X 光管，70 年代在固体与分子经验电子理论研究方面获重要成果，1955 年选聘为中国科学院院士（学部委员）。

余京武最后领我们参观的是黄下相公（音）兄弟俩老大的宅邸。

据史料载，二都黄氏是从棠阴君山村迁徙来的，黄下相公兄弟俩是晚清时期的生意人。他们勤劳致富后，用巨款修建起了两栋豪宅。据居住在内的村民介绍，豪宅建于清代同治年间，迄今 160 余年。这种规制的官厅，在抚州非常罕见，因为宅邸内还有不少人居住，其保存现状还比较好。

二都街传统民居群肌理较完整，是抚州罕见的明清建筑群，又是近现代名人余瑞璜院士故里，期待得到有关部门的重视、保护和开发利用，使之成为一处明清建筑的展示、旅游胜地。

山前村

山前村：小桥流水人家院

枯藤老树昏鸦，小桥流水人家，古道西风瘦马。夕阳西下，断肠人在天涯。

元代著名戏剧家、散曲家马致远所营造的这种秋思意境，一直是我们这些摄影人寻访的……

蓦然回首，一直寻访的小桥流水人家，竟然在这里……

2008 年夏季，宜黄的摄友邀请我们去二都乡山前村看瀑布、摘杨梅。不料，我却从汽车上瞄见了一座造型十分别致的石拱桥。

蓦然回首，一直寻访的小桥流水人家，竟然在这里……

2013 年 6 月、2015 年 1 月，前后两次去了山前村，专门拍摄这石拱桥、山涧溪流以及浣纱的村妇……

山前村位于二都街西南 6 公里大王山东麓之山冈前，因此得名。《北山集贤张氏十修宗谱》载：清康熙年间（1662~1722 年），张氏由县城内教场巷迁此。山前村面积辽阔，含 16 个自然村，境内多珍稀野生动植物，生态自然风光十分宜人。

山前村不仅有石拱桥，还有野生和繁殖的杨梅树，村里有 300 多亩杨梅树，都是 30 多年前从浙江

石经幢

引进的，深红种水晶杨梅闻名遐迩，其果晶莹如玉，味清香鲜甜，肉脆爽无渣，是杨梅品种中之珍品。

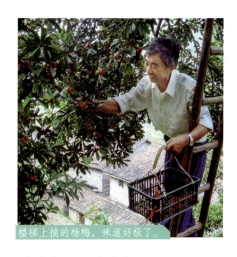

楼梯上摘的杨梅，味道好极了。

村中果农宁财通那年62岁，有着丰富的杨梅栽培经验。

当年有一棵栽种了20多年的杨梅树，树冠庞大，六支分叉，已长到了10多米高，要用两个楼梯接起来，才能爬到树杈上去采摘。爬到树顶上，采摘杨梅果，别有一番滋味在心头。

山谷里有一条瀑布，名叫义芳瀑布，有60多米高，10多米宽。

这是宁财通从小放牛、洗浴和玩耍的地方。

宁财通带了一把柴刀，领着我们上了路。一路上，宁财通逢有荆棘挡道，便用柴刀开路，遇溪水便架简易桥，我们终于如愿以偿。

义芳瀑布

山前村建筑形式多样，不仅有精美的祠堂、民居、廊桥、石拱桥，还有庙宇、经幢。在这栋庙宇内，悬挂着清代康熙年间的题匾："忠孝名家"。

康熙年间的牌匾

2013 年 6 月，人气很旺的山前村祠堂。

张氏宗祠是人们喜欢集聚的地方

如今只有在宜黄的深山里，还能瞧见这种传统的农耕文明场景。

　　如今这样的传统插秧方法，已是很难看到。山前因地处大山里，气候寒冷，很多水田只能栽种一季稻。又因交通不便，一直保留着人工栽种水稻的习俗。不见古道西风瘦马，但看老牛扬鞭奋蹄。

涂家寨风光

涂家寨村：侯祚东绵承渊源

　　那年，有幸与江西古村学社会员们一同畅游丰城厚板塘村。期间，江西古村学社社长剑川老师的一番精妙讲解，令我精神为之一振。

　　原来这么美丽的厚板塘，却与抚州有渊源，它竟然是宜黄县二都镇涂家寨村迁徙出来的涂姓后裔的村子。

　　回来后，打开电脑一番搜索，2006年12月，我们一行人攀缘涂家寨村的图像便展示在眼前，但这竟然是我在涂家寨唯一的足印。

宜黄县二都镇帘前村涂家寨村已有 1600 余年建村史，虽距县城仅有 15 公里，但交通不便。当年，村民出入有两条道路，一条直径为崎岖山道，另外一条的简易公路却弯了许多路程。村民出行还是喜欢走山路。

记得那年我们是由宜黄旅游局的同志借了一辆越野车，才进了涂家寨的。

2006 年 12 月的涂氏宗祠

一路上，旅游局的同志向我们介绍了涂家寨的四怪现象："一尘不染堂，气温也反常，人口不报百，泥鳅遍稻田……"

这"一尘不染堂"指的是涂氏祠堂，祠堂位于村西北，背靠村落，面朝旷野群山，为上下两进，中间天井为砖木结构；雕梁画栋，镌刻十分精美，有非常明显的明代特征。进入祠堂细看，八角状楼板、木料房顶、砖木墙壁干净如洗，一尘不染，就连堆放着稻草的阴暗偏房内墙脚也无蜘蛛网。

据村谱介绍，涂氏祠堂建于明初，已有 600 多年历史了。祠堂为何如此干净？据村中的长者说，前辈口口相传，是安装了"辟尘珠"的缘故。

有关"泥鳅满稻田"的传奇。当地流传着这样一句话："中午吃饭若没菜，田里泥鳅来得快。"意思是说，当午饭熟了，菜还没有着落时，随手在田里就可以抓来几碗泥鳅下饭。且家家户户都会晒泥鳅干以备待客。

从涂家寨俯视石拱寺

我没有拍到"泥鳅满稻田"，只拍到这三足古树。

至于寒冬"山上气温高""人口不满百"的现象，是存在与不合常理，至今无人解释得通。

现在我们来瞧瞧涂家寨后裔村——厚板塘村的精美建筑。

"三足鼎立"：涂家寨的奇树。

　　厚板塘村始建于明代宣德年间（1426~1435 年），为涂姓一支聚族而居。是一个封建官商结合典型、贫富对立悬殊、等级制度森严的历史文化古村。

文林第

进士第

侯祚东绵

88

三妙流芳

厚板塘传统民居建筑面积达 4216 平方米，房屋由南往北纵向排列。古建筑之多，保存之完整，雕刻工艺之精湛，在江西首屈一指。

厚板塘"大夫第"建筑组群结构复杂，规模宏大，大小三十六天井，巷道平整，山墙坚固，木雕精美绝伦，花鸟虫鱼，宫殿舟车及人物形象栩栩如生，是中国木雕技艺的集大成者。

活泼可爱的涂氏后裔们

厚板塘村古建筑群比地平面高出五尺余，高大的围墙环绕四周，南面依次为"侯祚东绵""进士第""丛桂流芳""大夫第""通奉第""文林第"六门，东面辟"三妙流芳"八字门，北面、西面与其他民居自然结合，构成一个完整的防御体系。

巷道设计得如此精妙，不由让人想起电影"大红灯笼高高挂"里的场景。

村落建筑分为三个空间，南北向，逐步往北抬升，取步步高升之意。散落民间的官吏服饰、匾额清玩和清军水师提督彭玉麟转赠的太平天国宫廷遗物——30余枚汗白玉衔环兽石墩，是文物珍品中的精华。

涂氏宗祠梁架上的雕刻

黄水河边的秋晒

黄陂村：黄水滩头斜阳浓

又是一个云蒸霞蔚的周末，在秀丽的黄水之畔的黄陂村堤坝上，倚着斜阳，很惬意地观赏、拍摄村姑翻晒薯粉、南瓜干的美景……

忽然间，忆起来棠阴镇那边的宜水，也是有如此这般的诗情画意。这宜水、黄水两条河的汇合，赐予了宜黄这千年不朽的县名。

我认知黄陂村，源于十余年前市里组织的"红色探源，兴赣富民，百名记者下基层"的采风活动。在宜黄黄陂村，我们先是观瞻了"黄陂大捷纪念亭"。那还是在 1986 年 10 月，黄陂镇党委政府建造纪念亭，以缅怀第二次国内革命战争时期牺牲的革命先烈。

黄陂大捷纪念亭

黄陂村为宜黄县黄陂镇政府驻地，常住人口近万。黄陂老街分上街、中街和下街，民居、宅院、店铺沿黄水蜿蜒而下。

据《宜黄抚溪戴氏十二修谱》载：唐末，戴氏由宁都县清泰乡复坑迁此，因建村在黄水西侧河畔而得名。这就是说，黄陂是一个千年古村。

那次采访活动时间大约为半个月，我恰好分驻宜黄、乐安片。在宜黄，主人给予的材料重点介绍了黄陂——黄陂是中央红军第四次反"围剿"黄陂大捷主战场。是北宋地理学家、文学家乐史的故乡。黄陂又因 1999 年夏秋时节，华南虎在辖区的出现而闻名全国。

十多年来，我又数次去过黄陂，参观第四次反"围剿"的主战场蛟湖、拿山和乐史故里霍源。

据史料记载，1933年2月，第四次反"围剿"全歼国民党两个师的著名战役"黄陂大捷"，主战场就在黄陂至蛟湖、大龙坪、霍源、西源一带。朱德、周恩来率红军一方面军总部在黄陂镇一带进行靠前指挥。

有村民很自豪地说：黄陂，是个红色象征的名字，黄陂人为此感到十分的荣光！

在黄陂村村支书欧阳的带领下，意外发现黄陂村还保存有不少完整的明清古建筑，分布在黄陂蛛网般的街巷里。

可爱的孩子们

随着新街的建成，黄陂老街已经失去了街市的功能，只有一些还住在老街的街坊邻居在这里歇息聊天。

走进黄陂老街，古老的商号依稀可见。这里是宜黄西南重要的集圩。在黄陂老街我们不见佛堂，却有"万寿宫"的遗存，说明黄陂人的信仰所在。

保存完整的戴家大院，其梁架结构十分罕见，似有明代官厅的气象。戴家大院的照壁与舍屋也是很别致。

戴家大院的门坊，气势宏伟。

戴家大院为鲜明的官厅结构

黄陂老街上的两栋老屋，有村民说是民国时期银行所在。一群孩子正在街边开饭会，我想，老街能留住这些孩子们，就说明老街还充满着生气。楼梯设置在屋外，恰好有五个孩子在楼梯间游玩，他们倚在扶梯上，这个画面可称"五子登科"，或是"节节高"。

　　见了这座高大的门坊，就会想起武汉大学段亚鹏博士分析的：宜黄建筑在抚州属高大型，它有让神住的意义。

黄陂老街上的学生饭局

在这栋房屋的外楼梯上，我们看到的是"五子登科"图。

黄陂老街 42 号，又是一座高达 8 米的门坊。

人间最美是烟火

　　最后一站是黄陂中学，欧阳书记说，那边还有一栋古民居，叫欧家大屋。三进的大屋。据史料记载，中央苏区第四次反"围剿"时，红一军团团长林彪曾经在这里居住过。

　　20世纪60年代，曾在这里读书的学生记得，1970年秋，县里来人收集红一军团指挥部旧居的图片，在这堂前东侧放上两条板凳，上置一块床板，铺上床单和被子，权当军团指挥员的卧室，许多十几岁的学生被邀请作为群众，排队依次参观。

　　有村民很自豪地说，"黄陂大捷"是以村名命名的战役，黄陂人为此感到十分的荣光！

《浴血广昌》剧照

蛟湖村：黄陂大捷有遗篇

纪念中国人民解放军建军 91 周年前夕，一部采自抚州的历史正剧《浴血广昌》作为献礼片在全国热映……

我看过《浴血广昌》的宣传片，其现代技术的拍摄手法是相当精彩，令人震撼。

　　很长时间里，我总是有些纳闷：中央红军第四次反"围剿"，诱敌深入，取得黄陂、草台岗两仗的胜利，共歼国民党军近 3 个师，俘 1 万余人，创造了红军战史上以大兵团伏击歼敌的范例。战后，蒋介石在给陈诚的"手谕"中说："此次挫败，凄惨异常，实有生以来唯一之隐疼。"

　　这般有故事、有情节、取得如此辉煌战果的战役，怎么就至今没有被写成剧本、拍成故事片呢？

　　遥想当年炮火连天、硝烟弥漫的情景。2008 年 4 月，我在宜黄朋友小刚的帮助下，来到宜黄黄陂镇蛟湖村寻访当年的战争足迹。

　　蛟湖村是一座山寨式的村庄，这个地处海拔 670 多米的险峻高山顶上的村庄，至今还保存有完好的五道雄奇的古城堡似的关卡。

　　蛟湖建村于唐代，是抚州少有的千年古村，据《蛟湖李氏十修族谱》载：唐乾符年间（875~879 年），李坦翁从南丰蛟湖迁此，取原籍作新村名，以示不忘本也。这些关卡是 1100 多年来，历代村民前赴后继地用石块垒砌起来的。

从这些旗杆石来看，蛟湖村李氏在科举年代还是有不少人获取过功名。

有五道关卡的蛟湖村注定要显露头角。在第四次反"围剿"黄陂战役时，红一军团指挥部就设在该村，红军在蛟湖村附近活捉了敌52师师长李明。

"白匪师长是李明，带领白匪近万人，蛟湖一仗一昼夜，红军活捉贼李明。"在蛟湖村，我们找到一80多岁的老人，他对那场战役记忆犹新。那天，他背诵了这首流传在黄陂一带的诗歌。

1933年2月，蒋介石部署第四次"围剿"，并亲任"剿共"军总司令，采取"分进合击"的战术，企图一举聚歼我中央主力红军于南丰、广昌附近。2月21日和22日，敌第52师和第59师由吉安先后进抵乐安。蛟湖是敌第52师、第59师必经之地。为粉碎敌人的计划，朱德、周恩来等毅然作出决策，留少数部队佯攻南丰，红一军团、第21军秘密撤至乐安、宜黄，选择有利地形，以伏击战歼灭敌第52师和第59师。26日，各部队按部署先后进入预定的伏击地区——摩罗嶂山区（登仙桥、小龙坪、蛟湖一带山谷）。27日拂晓，敌第52师先头部队东进。当时细雨浓雾，10米之外人物难辨。

当敌第52师进至登仙桥附近时，红一军团立即将敌行军纵队拦腰切断，同时，向敌第52师师部猛攻。经过激战，红一军团将敌第52师师部、第154旅之第309团等部歼灭，敌师长李明身中两弹被俘获，当晚因伤重而身亡。敌第155旅也遭到毁灭性的打击。

28日8时，红三军团发起猛攻，将敌逐次解决，激战至11时，敌第155旅被全歼。至此，敌第52师被我主力红军全歼于摩罗嶂山谷内，这就是第四次反"围剿"战争中著名的黄陂大捷。

"十万白匪开进来，围剿苏区战场摆。工农红军歼白匪，红旗插上瑶华寨。"

蛟湖村的余卉华曾经担任妇女主任，1969年，她21岁，曾接受过解放军报记者的采访，当时主要一个任务，就是带记者爬瑶华寨，沿着当年红军11师攻打瑶华寨的路线进行采访。

余卉华说，瑶华寨是天然的军事要塞，巍然耸立在蛟湖村的北方，东西北三面悬崖绝壁，唯有南面一条羊肠小道可通山顶。

蛟湖村原妇女主任余卉华

登仙桥战役，是中央红军第四次反围剿黄陂大捷的前哨战。

当年，敌52师直属团抢先占领了寨上，用轻重火力封锁南面的这条路，负隅顽抗。

奉命攻下瑶华寨的红一军团11师找到了村苏维埃主席，请他找村里熟悉瑶华寨的赤卫队队员杨晋民带路，杨晋民打猎、采药出身，常去瑶华寨。杨晋民带领红军小分队直奔瑶寨。在山下，杨晋民放下竹竿与绳索，便开始攀登，他将绳索的一端牢牢缚上一块石头，然后将竹竿撑到山上的一棵松树上掉转回来，他抓住两根绳索，脚蹬悬崖，迅速往上攀登，他用这种方法攀过一棵松树又攀一棵松树，不到半个小时，就登上了山顶。红军小分队100多战士，学习杨晋民的方法，依次攀登，一个小时后，全部到达山顶，犹如神兵天将从天而降，敌军官兵只有放下武器当了俘虏。

据史料记载，在黄陂战役中，红军26岁师长王树亚也壮烈牺牲，当地村民用棺木厚葬于村后祖坟山上，86年后的2019年，通过媒体，终于在甘肃天水找到了王树亚的孙子孙女，他们千里迢迢来到该村墓地悼念，感谢李氏村民当年的义举和多年的守望。据悉，王树亚烈士现在移葬在抚州烈士陵园。

王树亚少年时在家乡读书。1928年，从国民军军官学校毕业后，到驻河南洛阳的董振堂第十三师工作，历任排长、连长等职。1931年12月，参加了董振堂、赵博生领导的"宁都起义"，被编入中国工农红军第五军团十三军。1932 年 1 月，加入中国共产党，任十三军三十八师营长，不久，任师长。1933 年初，王树亚率部在黄陂以东攻击敌五十九师，激战二日，歼敌两个主力团，俘敌师长陈时骥，取得重大胜利。28 日，他在指挥部队冲锋时，不幸胸部中弹，壮烈牺牲。

王树亚功勋卓著，是甘谷县参加革命最早、职务最高的红军领导人。

那年，我们在村里听见不少年轻的村民说，长辈们总会回忆那场战争，村民晓勇说，父亲生前，经常回忆起他童年时期在蛟湖发生的那场被称为黄陂大捷的战役，他目睹了战后的惨烈情景，他谆谆教育我们，要倍加珍惜新中国来之不易的美好生活！

从黄陂镇出发，经霍源村到蛟湖，只有 10 公里的路程，然而，当年不通公路，我们一行被安排乘坐一辆高底盘的农用车，一路颠簸行驶了两个多小时。

车到蛟湖村的北面后，我们一行人顺着一条陡峭的山路攀缘而上。

不久便看到了蛟湖村的第一道关卡，关卡是用乱石块堆砌而成的，建在山隘中，这就是北关。

北关长约 50 米，高 3 米多，如今，已长满青苔和灌木。从此关卡上可以瞭望村北的全部动静。

据村中老人介绍，这里是古驿道，是通闽粤的必经之路，驿道两旁原有很多商户，建关卡是为了防御土匪和盗贼，由于关卡都处于十分险峻的地域，有"一夫当关，万夫莫开"之势。北关的门楣上原有石刻字，由于年代久远，现在已经分辨不清。进得第一道关后，有一条青石板路贯穿整个蛟湖村。其余的四道关卡，分别设在村子东、南、西、中的四个方位。

在蛟湖村，最古老最精美的建筑，是村中的一座大宗祠，这是当年红一军团前敌指挥部的所在地，村中有老人当年曾看见红军高级指挥官从宗祠的小门进到厨房里去用膳。

像江南所有的宗祠一样，李氏宗祠雕梁画栋，有许多精美的木雕、石雕和砖雕。

正大厅上的八角藻井也保存完好，彩绘清晰。大厅的正面是一块牌匾，上刻"滕王世家"四字。

江南宗祠梁檐上雕刻的多是麒麟、龙、虎、豹之类，而李氏宗祠与别地宗祠不同的是，梁檐上雕刻的却是四只像天鹅般的鸟儿。据推测，这可能是当年的建造者在刻意营造王勃滕王阁序中："落霞与孤鹜齐飞，秋水共长天一色。"的氛围。滕王世系李氏是唐高祖李渊幼子滕王李元婴的后裔，李元婴封滕王，遥领洪州都督。该村村民应该都是李唐滕王后裔。

蛟湖村的五道关隘极其险峻，有一夫当关万夫莫开之势。

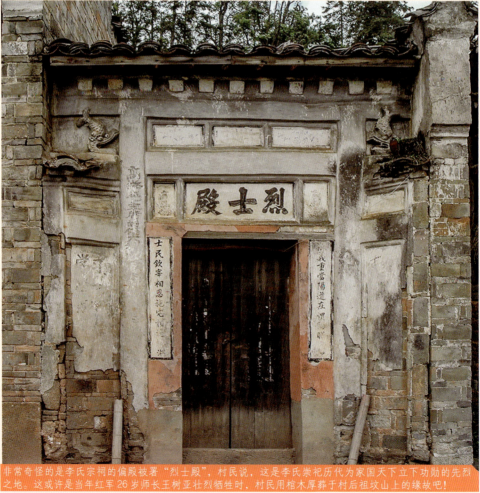

非常奇怪的是李氏宗祠的偏殿被署"烈士殿"，村民说，这是李氏崇祀历代为家国天下立功勋的先烈之地。这或许是当年红军26岁师长王树亚壮烈牺牲时，村民用棺木厚葬于村后祖坟山上的缘故吧！

宗祠的后殿是祭祀李氏祖先的地方，还保存有李氏许多代先祖的牌位，牌位红漆金字，制工讲究，数百年不褪色，这在江南宗祠中是难得一见的。

　　从北山走进蛟湖村，第一眼看到的就是两棵高大的红豆杉树，沿着小路翻过几个小山坡后，发现，在村子的后面还有一大片的红豆杉群落。

　　蛟湖村的红豆杉树冠奇大，遮天蔽日，树龄最大的有1000多年。

蛟湖村的后龙山上国家一级保护植物群落——红豆杉群

拿山村的地形，若同一巨大"手掌"的山冈。

拿山村：红歌一曲起乡愁

在中央红军第四次反"围剿"的主战场宜黄县，留下了不少红色地名文化遗产，它们不仅具有鲜红的语词文化内涵，也有厚重的实体文化形态，构成了亮丽的地名文化景观。宜黄县黄陂镇拿山村便是其中之一……

红色地名作为旅游景点符号，与旅游景点结合起来，展现出爱国主义的博大精深，彰显红色地名的魅力所在，必将成为我们国家传统教育的重要内容之一。

说到拿山村，你一定会想到江西民歌《十送红军》那熟悉的旋律：

……三送里格红军介支个到拿山，山上里格苞谷介支个金灿灿，苞谷种子介支个红军种，苞谷棒棒咱们穷人掰。紧紧拉着红军手，红军啊，撒下的种子介支个红了天……

文艺作品再现红军反"围剿"的场景

"十送红军"表达的是第五次反"围剿"失败后，中央红军北上抗日，与苏区群众依依不舍的情景。一般认为，歌中唱的一些包括拿山等地名，泛指中央苏区，而名气大的是江西吉安井冈山拿山乡拿山村。

无巧不成书！在中央红军第四次反"围剿"黄陂战役的主战场，宜黄县黄陂镇也有个拿山村，而且还有红三军团总指挥彭德怀的作战指挥部。而黄陂镇地处摩罗嶂山脉，属于赤化苏区，有很好的群众基础。

有史料记载，当年拿山村及黄陂的革命群众全力支援红军反"围剿"，使得红军仅用两天时间便歼灭国民党五十二师全部。五十二师师长李明被击伤后不久死亡，红军还生擒了敌五十九师师长陈时骥。红军因此取得了粉碎第四次反"围剿"的"黄陂大捷"。

因为这一段红色历史，1985年拿山村被列为全省第一批名胜风景点。《百年恩来》剧目组曾到此拍摄，《中国工农红军》东路拍摄组曾直奔东陂、黄陂，全面真实地将当时工农红军英勇战斗的史实搬上荧屏。

《红色中华》报，报道了黄陂战役取得空前胜利。

拿山位于黄陂5公里处的一座形若"手掌"的山冈上，以手可以拿东西之意，故名"拿山"。《东湖刘氏十二修族谱》载：明正统年间（1436~1449年），刘氏从乐安县椒林迁此。

2008年12月，我来到拿山村采访，那时进拿山的公路尚未修通，山路崎岖。尽管汽车被凹凸不平的山路磨破了油底壳，但一路上拿山的流水潺潺、雄关险峻还是深深地吸引我们一行人，同时也为这里淳朴的民风所感动。采访中，我意外地发现拿山村一带有许多村民会唱山歌，山歌颇似当年苏区民歌之旋律。

拿山村口是一道古城墙似的屏障，屏障外有遗留的壕沟，壕沟上有许多粗大的红豆杉，这可是国家一级保护植物。村干部告诉我，在山顶上还有一大片的红豆杉群。

拿山村四周环山，在村内的山岗上，有一排茂密的宽叶林，有珍稀植物千年红豆杉。

村前还有一座如廊亭般的桥梁，村民称之为红军桥，当年这里是进村的唯一关卡，为了防止敌军侵扰，红军在亭桥上设了岗哨，并对摇摇欲坠的亭桥进行了加固。亭旁一条曲曲弯弯的羊肠小道山路，大有"一夫当关，万夫莫开"之势。

拿山红军桥，当年进村仅此一条路。

进村后，我们先参观了当年红三军团彭德怀指挥部旧址，由于年久失修等种种原因，这栋庞大的祠堂已消失了，只剩下巨大的石柱、石礎，被遗弃在草丛中。

村中传统建筑不多，但保存有多座土坯房。

当年这座祠堂为红三军团指挥部，彭德怀在此召开军事会议。如今只剩下这几个粗大的柱礎了。

一栋土楼的门楣上清晰地写着"刘口和记药室"几个大字，可以想知当年拿山的一段繁华历史。

这座土楼的门楣上清晰地写着"刘口和记药室"几个大字

拿山是个狭长的村庄，东西距离有一公里，我从村西老屋来到村东，站在村小学旁楼上，观赏拿山村这形状像如来佛的巨掌，而村庄和大山就坐落手掌内。

有年长村民说，1933年2月，第四次反"围剿"时期，国民党大部队疯狂进攻黄陂，就是被红军用拿山这只巨掌击碎。

四面环山的拿山，还有一条清澈的溪水从村庄流过。溪水边上是穿红着绿正在浣纱的村姑，偶尔能听见村妇在哼唱山歌。我问村民，知道"十送红军"这首歌吗？有村民回答，听到年轻人会哼哼的，唱到三送红军到拿山时，青年人情绪特别地高！

为了寻访当年红军在拿山的知情者，村干部带我们走进一户年龄最长的人家，一位老太太正坐在靠背椅上烤火。老人姓邓，80多岁了有些耳背。在明白我们的来意后，老人慢慢回忆：……那年红军在村里住了好些天，他们纪律严明，官兵和睦，善待群众，村里有几个后生争着报名参加红军……

从老太太家出来，我们又来到拿山村小学旁的一栋民宅里，应我们的要求，退休的刘老师和村民刘学文两人一同演唱了流行于拿山一带的山歌。我们一行中有东华理工大学音乐系教师，他觉得，拿山山歌与赣南小调似乎有些相近。他认为宜黄与宁都交界，两县百姓文化交往密切。而"十送红军"的曲调多取自于赣南民歌。

就是说，十送红军曲调取自苏区，其咏唱的自然包括了宜黄拿山这一为中国革命作出过巨大贡献的红色村落和那里的人民！

霍源这一带的田园风光十分迷人

霍源村：世宦一脉旺千秋

上祖流芳地择霍源承一脉；

后昆耀彩宗传世宦旺千秋。

上联引自宜黄黄陂镇霍源村乐氏宗祠，是乐氏后人为纪念宗祠修复而作。

2008年4月，宜黄朋友曾邀请我游历了中央苏区第四次反"围剿"黄陂大捷主战场。

在"黄陂大捷"主战场之一的霍源村，我见一堵残垣断壁，屹立于空旷之地，上面赫然写有"乐氏宗祠"四个字。连接残墙有一条古驿道，驿道上静静地竖立着一座很不起眼的木制牌楼。

残破的乐氏宗祠，数年后被修葺一新，这里是抚州乐氏发源之地。

宜黄朋友说，你不要小瞧了这堵残墙和那座木制牌楼，这是全国十数万乐氏后裔的朝圣之地的精神寄托。因为这里是抚州乐氏发源之地，是抚州第一进士乐史故里。

2016年，这堵残垣断壁，由乐氏后裔筹资修缮成宏大的乐氏宗祠，全国各地乐氏后裔纷纷前来祭祖。

霍源文化现象也吸引了众多的专家、学者和摄影师前来考古、拍摄、记录。

塑金像，立牌匾，撰楹联，足见乐氏于祖庭霍源之虔诚。有资料显示：宜黄霍源之乐，遂为五峰诸乐之祖。"支分百叶，户列万家。"已繁衍数十代，纵横赣中、鄂东、湘北，辐射鄂西、陕南、渝南、陇南、豫南等数十个县市，人口达十数万之众。

乐史（930~1007年），字子正，北宋宜黄县人，文学家、地理学家。乐史曾在南唐时做过官，入宋后为平原主簿，是隋唐开科举以来抚州地区第一名进士。乐史仕宦60余年，先后任过著作郎、太常博士、水部员外郎及舒州、商州等地的地方官。乐史是两朝进士，其子一科三举，父子两代5人登进士，3人为太常

2016年，那堵残垣断壁，由乐氏后裔筹资修缮成宏大的乐氏宗祠，全国各地乐氏后裔纷纷前来祭祖。霍源文化现象也吸引了众多的专家、学者和摄影师前来考古、拍摄、记录。

博士，是临川文化史上的佳话。

霍源，又名圩上，位于黄陂镇西北5.5公里石门寨山之西麓。据《宜黄县地名志》"乐氏十二修宗谱"载：乐璋，字朝辑，为乐史父亲。五代时，乐璋由河南游仕江右，为抚州临川县尉，徙居临川。因妻四十岁尚无子，与夫人吴氏谒叩宜黄县大华名山，路过崇贤乡（古代地名）霍源，见其岭岳连绵，崖奇林茂，山水清丽，来脉秀发，于深宕僻谷中陡开平原旷地，遂辞官归隐，举家卜居于此。始名霍源，意为地处群山环绕、资源丰富的山区。后逐步发展有圩而习称今名。

霍源村驻地田西有张氏宗祠。而村口的木牌坊，据宗谱记载，为乐史考取状元后所建，木质斗拱构造，风格朴实无华。虽不宏伟，但其悠久历史在抚州已是

难得一见，目前为市级文物保护单位。

乐史当年在家乡曾创建一书院，坐落于云路河石悬崖下，有五座山峰拥集而来，故名"五峰精舍"。此处曾有人担心山上大石滚下来，而极力反对在此建书院。乐史几经考察，用科学的地理地质知识加以分析，说服了众位乡亲，始建了书院，培养出不少有学识者。五峰精舍是宜黄历史上最早的书院，延续千年。中华人民共和国成立后，曾改为霍源乡小学，后又改成粮仓……如今在书院旧址旁，村民集资建起了一座黄色的河石庙。

在抚州众多的乐史后裔村里，还保存有十分重要的乐氏宗族文化信息，临川鹏田乡乐家村为其一。

宗祠内有明代石狮和四只石鼓，石鼓上雕刻了四个人图像，分别为乐史的四个儿子乐黄中、乐黄目、乐黄裳、乐黄庭，四子皆为进士，"一门五进士"遂成千古美谈。

乐史后裔村内石狮与雕刻着乐史四子形象的石鼓

冬季里，宜黄山区寒气很重，霍源村村民早早地烧好火笼，靠在墙角晒太阳。

116

霍源这一带的田园风光十分迷人

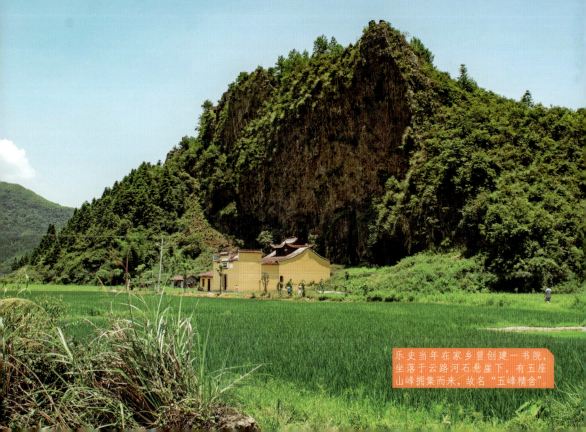

乐史当年在家乡曾创建一书院，坐落于云路河石悬崖下，有五座山峰拥集而来，故名"五峰精舍"。

村里的樟树

张家村：千年古樟成门户

　　大千世界，无奇不有。

　　走近宜黄黄陂镇黄陂村张家自然村，首先映入行人眼帘的，是一道奇特的风景线——一棵千年古樟。树高 20 多米，繁茂的枝叶郁郁葱葱，如盖，如硕大无朋的绿色圆球，森然耸立，在蓝蓝的天空下，在黄水潺潺的流向中，浓浓的碧意盈盈欲滴，弥漫着沁人心脾的特有樟香。

其根部三四人合抱不拢。最令人惊奇的是古樟树根部一分支根伸展到了一个小山坡上，笔直地深扎在泥土里，根须下是空的，可容纳路人在根下行走，离地表高有2米多，宽3米多，形成了一个天然的门户通道。该村的村民下地干活、上街购物和学生读书上学都要在此经过。

张家村位于黄陂1公里处公路西侧田畔上，原为董氏开居。《就张氏十四修族谱》载：元皇庆年间（1312~1313年），张姓由大龙坪迁此成为主姓，易名张家村。

这棵古樟位于宜宁公路旁的村口上，村民习惯称其为"风水树"，是张家人世世代代的命脉，轻易不能动。古樟历经千年，至今郁郁葱葱，枝深叶繁，而那奇特如门户般的树根，更是引来路人驻足观看。

说到张家村这棵樟树的奇特景观，流传着一个故事：很久以前，张家祖先就在此地建房安居下来，靠帮人放鸭子为生，有一次放鸭子到这里，看到这里树木葱茏，黄水中来往船只频繁，认为这里很适合人居住生存。常言道："树添丁，水聚财"，张家祖先就依水建房住下来，在水上打渔，送货，吃尽苦头，渐渐站住了脚，娶妻生子，一代又一代地繁衍，人丁兴旺，财源茂盛。

但是到了张家数代以后，出了一名不肖之子，天天游手好闲，不思进取，散尽家中财富，族人哀其不幸，怒其不争，经族会商量，为警戒后人，将其一脚踢出张家，永不为张家子孙。

说来奇怪，第二天，这棵视为张家先人化身的樟树一侧的根须，笔直地伸出一枝，如祖先向不肖儿子踢出的一脚一般。

渐渐地，树根越撑越高越宽，长成了

树门是村民生产、生活的主要通道。

今天的模样，张家的后代们都从这根须下经过，寓意是要忍受胯下之辱，才能磨炼意志，成就事业。慢慢地，这古樟也就成了张家人精神的化身。

咬定青山，一任风云变幻。

周陂村：秀毓沇江川岳奇

"哇！这周陂村的民居建筑简直是嘉峪关长城风貌的浓缩版……"

在网上看到抚州摄友逍遥、苍松上传的周陂村图片后，简直有点按捺不住那一睹为快的心情。

那是 2012 年的一个春雨绵绵的日子，我们一行驱车前往宜黄县中港镇周陂村，轿车进入中港镇后，一路上的盘山公路，路旁是蜿蜒流淌的蓝溪河，溪水如其名一样湛蓝湛蓝的，行走在这碧水青山中，但见山越来越高，路越来越陡峭。及至一座大山的半山腰处，举目望去，一座古色古香的村落便呈现在眼前——这就是周陂村了。

秀丽江山

乐水居

平福永如意

新戴平安多吉祥

在大山深处，竟然藏有这么一座
高大魁梧的门坊，门坊正中是一
用于辟邪的青石吞头，吞头上层
有浮雕八卦图，雕工精细。

周陂村最前沿、最醒目的一栋古民居，是有如护城墙、箭楼般的门坊，其形状结构活脱脱像缩小了的嘉峪关长城……

进得村来，我们一行人直奔那栋似嘉峪关长城般的古民居，向导介绍，这是周陂村现存最古老的民居了，始建于明代，建筑面积有1000余平方米。其高高的如箭楼的门坊，有七层，高十余米，正中是一用于辟邪的青石吞头，吞头上层有浮雕八卦图，雕工精细。

同行的文物爱好者介绍说，这是后天八卦，与在南城县尧坊村看到的先天八卦（伏羲八卦）不一样。这个图又叫洛书九宫图（歌诀：一数坎兮二数坤，三震四巽数中分，五寄中宫六乾是，七兑八艮九离门）。堪舆上的玄空飞星盘就是根据洛书九宫图推演而出。老人家的飞星断事，就是运用紫白九星加回来判断凶吉洛书数，这个紫白九星，就是源于后天八卦配洛书图。

吞头下层是砖雕"秀毓沇江"四个字。"秀毓沇江"民居分上下两个宅院，共有36间房屋，屋内规划井然，舍屋用大鹅卵石铺垫，数百年的排水沟依旧在发挥作用。

周陂如箭楼一般的"　江毓秀"门坊

月梁用料巨大，蝙蝠也雕刻得栩栩如生。

周陂的窗棂雕刻造型多样

神龛上雕刻"八仙过海各显神通"图，中间还有福、禄、寿、喜、财五神。

　　望着"沇江"两字，我这位黄姓后裔知道，"沇江"是丰城黄氏的祖居地，丰城古代属于豫章郡下的一个县。丰城黄氏始祖黄瑕，为江夏黄香的第二十七代，为避战乱，五代时从浙江浦阳迁至江西丰城沇江。丰城黄氏是曾辉煌一时，史载有"九子十尚书、同门五进士、九贵流芳"的赫赫家声。据了解，抚州众多黄姓均由沇江迁徙而来，"秀毓沇江"的匾额有希冀后代不忘祖宗的含义。中港镇向导的介绍也证实了这一推断，周陂全村均姓黄，其先祖是南宋景定年间（1260~1264年）从丰城沇江迁徙过来的，已有700多年历史了。因村庄夹在形似车辕的两条溪水之间，取名"车舟溪"，后方言同音，讹为周陂。

　　在"秀毓沇江"民居内参观，发现内中还保存有许多的文物，砖、石、木三雕精美绝伦。最奇的是，民居的后厅，有一幅墨写的对联："读君陈篇惟孝友于兄弟，遵司马训积阴德于子孙。"由于年代久远，除楹联的前八个字外，很多字迹虽然模糊但仍可辨识，居住在房屋内的村民也告知了楹联的全部内容。

　　后经查阅资料得知，君陈是周公旦之子。《书·君陈序》："周公既没，命君陈分正东郊成周，作《君陈》。"孔颖达疏："周公迁殷顽民于成周。顽民既迁，周公亲自监之。周公既没，成王命其臣名君陈代周公监之，分别居处，正此东郊成周之邑。"于中得知，此上联有喻兄弟和睦，事业可成之意。

　　而下联"司马训"是指北宋名臣、鸿儒司马光，为其家人制定的家训——《司马氏居家杂仪》。北宋以来，《司马氏居家杂仪》走入千千万万中国家庭，成为无数中国人修身齐家的重要依据，也成为中华德育文化不可或缺的组成部分。我想，在一个山高水远的村野里，数百年后，居然还保存这一经典家训，这说明儒学思想在民间根深蒂固。

周陂村山水环绕，风和水谐，有天人合一的宜居环境，自古以来被视为宜黄的一块上乘风水宝地。据村民口口相传，明代曾有风水先生看过周陂村，谓：周陂山川形胜，北有观音坐莲，南是雄狮看院，东边金香玉印，西域金龙护法。

这天，周陂村56岁的村民黄贵成，给我们讲了一个有趣的故事：明代兵部尚书谭纶听说周陂风水故事后，曾专程来到周陂游览。后来此事被皇帝知道，一次谭纶陪皇帝下江南。皇帝点名要去看周陂村。无奈，谭纶陪皇帝来到宜黄河，见河窄水浅，龙船高大，需很多纤夫才拉得动。谭纶觉得这样做劳民伤

明代兵部尚书谭纶塑像

民居群峰耸秀

财，便趁皇帝睡觉时做了些手脚。

龙船开出下津渡后，皇帝醒了，问这是什么地方，谭纶便由下想到上，答道："此乃上顿渡。"这时皇帝走出龙船，看到远处亮起了三条火龙，好像三个台阶，直通天际。皇帝不知怎么回事，谭纶忙告诉皇上："一滩高三尺，三滩高一丈，宜黄周陂在天上。"皇帝信以为真，觉得路难行又乏味，便令龙船掉头回京城。

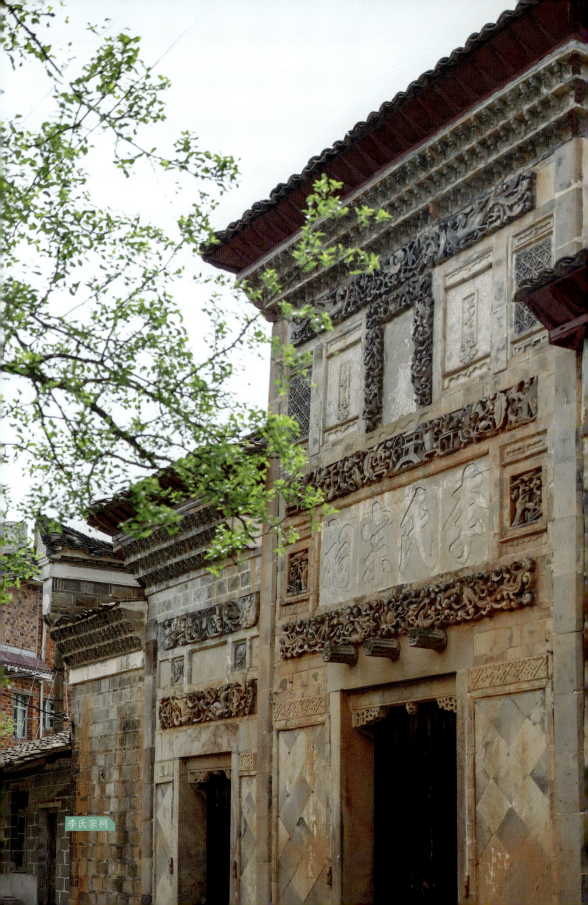

李氏宗祠

圩上李家村：落霞孤鹜鹿冈飞

五月好阳光，鲜花遍原野。驱车在宜黄山水之间，感悟宜黄地名之奇妙：蓝水、黄水、龙岗、鹿冈……惊诧于宜邑建筑之宏大与炫彩……

车行至中港镇圩上李家村时，我忽然记起这或许是北宋乡贤隐儒杜子野兴办鹿冈书院的地方。

车上有宜黄摄友，回答说，不错，这里正是古时的"鹿冈"，但现在叫圩上李家村，是唐代滕王李元婴之后裔居住的村子。

据史料记载，圩上古有鹿冈书院。为宋嘉祐间处士杜子野建。杜子野自幼勤奋，以博学闻名，平生致力办学，创有鹿冈书院，又曰"挐云馆"，"荆国自临川负箧来游，朝夕与子野赏奇析疑"。熙宁六年（1073年），被朝廷授予"特奏名"进士。杜子野最为出息的学生就是王安石。

但熙宁年间（1068~1077年）后，书院即荒废无闻。后人赋诗怀念，有"子野才堪介甫师，鹿冈书院鹿冈陲"之句；明黄濯缨为诗曰："落日荒村处士庄，至今井畔是方圹。乔林几许迎新主，还有游人说鹿冈。"另有"荒晾四代挐云馆""宋社邱墟七百年"之凭吊与追忆。清代黄云诗"宅是香林寺，祠仍拜宋贤"，知香林寺即其遗址。

圩上位于蓝水西北7.5公里竹林旁平地上，《宜邑鹿冈李氏九修宗谱》：元至元年间（1264~1294年）李姓由河口迁此建村，后发展有圩，因而得名。

圩上李家宗祠看护人李兰清，见有人来村里参观，十分热情地打开祠堂大门，让我们参观，又充当向导。圩上李家传统民居虽然不多，但十分精良考究。

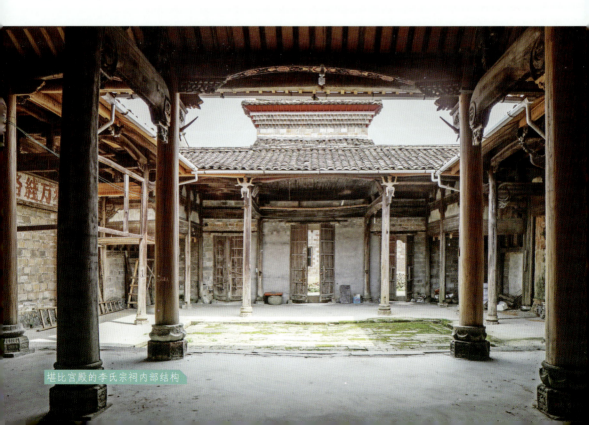

堪比宫殿的李氏宗祠内部结构

圩上李家村最值得观赏的，是李氏大宗祠。宗祠是中华姓氏宗族文化的一种传承，拥有独特的中华文化印记，标注着血脉代系。千百年来在辽阔的大地上生生不息、耸立蔓延，让族人后辈懂得报本反始、尊祖敬宗。

　　据悉，圩上李氏宗祠规格样式是相当严肃又异常讲究的。宗祠在选址、朝向、布局、装饰、高低错落等方面都遵循了严谨的风俗学。李氏宗祠建造规格的大小、设计精美繁复的程度，都说明了本姓氏在这个区域中的地位、经济、能力等情况。

　　李氏宗祠里大厅上方有块"滕王后裔"的匾额，可见其文脉源远流长，余韵不息……

李氏宗祠大厅上方有匾额

　　李元婴生于唐贞观四年（630年），逝于嗣圣元年（684年），为高祖李渊之22子。

　　元婴公于贞观十三年（639年）由唐太宗李世民始封滕王，封邑山东（因其为滕王而封地今名藤县），时年仅九岁。后至苏州为刺史，转洪都为都督。

　　永徽四年（653年）选址赣江之滨修建高插云天之楼阁，"披绣闼，俯雕甍，山原旷其盈视，川泽纡其骇瞩……落霞与孤鹜齐飞，秋水共长天一色"。

　　因其封滕王而得名滕王阁，与武汉之黄鹤楼、岳阳之岳阳楼呈三角之态鼎立江南，合誉"江南三大名楼"。

李氏宗祠上的这种雕刻及材料，在赣东民居风格中似乎少见。

"雀鹿蜂猴"雕刻分作两块木刻板来进行标注

李氏祠堂前的抱鼓石

李元婴在江西洪都任都督当有二十多年，统领数州之军事，兼洪都刺史，在维护地方安定、发展经济、保障前方兵员、军饷、粮草、器械的供给作出了巨大的贡献。

李元婴一生最壮丽的年华留在了江西，其子孙大多也留在了江西。在宜黄黄陂，还有蛟湖等均为滕王李元婴后裔村。

我们在圩上李家村寻寻觅觅，但难以见到"鹿冈书院"遗踪。村里还有一些传统建筑，很稀罕的是，"雀鹿蜂猴"雕刻分作两块。

在这一地域发现的石雕，内容有宋代人物事迹的铭文。

这栋民宅外表十分普通，但内中雕刻却十分精美。李兰清告诉我们，这是他祖上留下来的。宅子里的这种木锁也非常罕见了。

李兰清说，近现代，因圩上李家出了不少能工巧匠，所以才能见到这些保存完整的精美雕刻。

这是一栋可以显示李氏荣耀的"儒林第"，李兰清说是一位入了进士的七品官府学教瑜的宅邸，但已经荒废了。

村后竹林旁的这座"新典古庙"，历史悠久，风光旖旎，它是否是在鹿冈书院原址上建造的，还有待专家考证。

这是一栋可以显示李氏荣耀的"儒林第"，李兰清说是一位入了进士的七品官府学教瑜的宅邸，但已经荒废了。

站在后山坡上俯视，蓝水三村一览无余。

蓝水村：西山拖岚樵歌远

抚河流域的传统民居建筑是赣派建筑的一集大成之地，尤其以临川、金溪、宜黄三县（区）为代表。而宜黄建筑形象的突出特点是规模广大，门楼高敞、梁架敷彩、砖雕细腻。与临川、金溪一带的建筑形象迥异，其更夸张，八字门楼檐口高达 8 米，追求人工雕饰。厅堂多形成楼厅，阁楼通过阁楼肋梁承托，梁架有着比较鲜明的特点，檐下的挑托构件夸张放大的挑枋替木和各种造型的斜撑，造型更丰富、更精致。

我国著名古城保护专家、同济大学教授阮仪三说："宜黄蓝水州司马宅院，工艺之精湛，保存之完好为我国建筑史罕见，有着很高的考古和欣赏价值。"

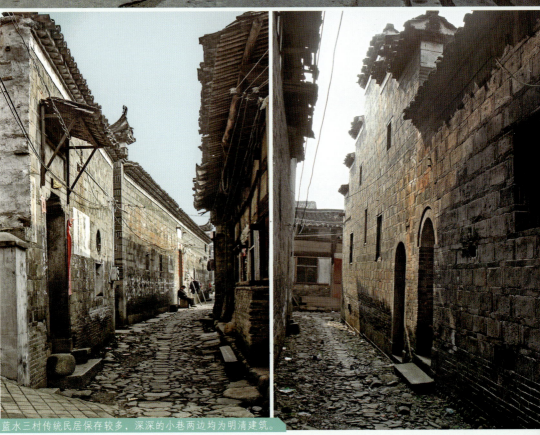

蓝水三村传统民居保存较多，深深的小巷两边均为明清建筑。

蓝水的窗棂

　　一次与黄氏宗亲聊天，始知黄氏为蓝水大族。据《合陂黄氏八修宗谱》载：北宋太平兴国年间（976~983年），黄氏由南丰迁徙居之，这就是说，蓝水也是一个千年古村了。

蓝水街还藏着这般深邃的官厅，粗大的月梁。

蓝水始名合陂，因东南二水分流而合于此得名。其水四时清莹如蓝，故又称蓝溪，蓝水还叫五都，由二村、三村等组成。

春来江水绿如蓝

黄氏宗谱记有先贤撰写的《合陂十二景诗》：铁岭暮鼓，龙津夜月，子路朝曦，重华积雪，楼峰耸汉，合陂秋涛，西山拖岚，金桥锁翠，溪山樵歌，莲石渔灯……

至清代时，此地属崇贤乡五都管辖而易名崇五都。民国时设蓝水乡。

蓝水在明清时期盛产夏布，清末民初又以产黄烟丝，其色泽金黄、气味香醇而闻名于全县。基于以上两种产业，蓝水街市十分发达，有狭长老街 2.5 公里之远。

从镇政府所在地出发，走 200 米大道后左拐，进入一条深深的小巷，在小巷的中段，就可以看见保存完好的清代乾隆四十九年（1784 年）节孝牌坊即蓝水州司马宅。牌坊是在"文革"期间用黄泥覆盖保存下来的，牌坊显露出淡淡的金黄色，让人感受到那份远古的苍凉。

节孝牌坊上共有七层雕刻，刻着栩栩如生的花鸟人物图，横梁上有浮雕门神，手执枪棒，虎虎生威。雕刻工艺之精巧，令人赞叹。

蓝水老街的另一座节孝牌坊，表彰的是张北辰之妻黄氏孺人。其规模与石质有所区别。

"司牧分猷"是节孝坊中堂悬挂的匾额，为翰林院庶吉士崇仁人欧阳健相赠。司牧，指主管畜牧的官员。分猷，分谋，分管的意思。当时，该宅的主人正在候选州左堂。

　　最为令人称奇的是，牌坊上保存下来的文字，记录了当时建造这座牌坊的朝野上下众多的官员和邓氏亲朋等人物的姓名，以及牌坊建造翔实的过程，为研究这一段清代历史提供了丰富的文献资料。

牌坊上的文字，记录了捐资筹建的官员和邓氏亲朋等的姓名。

清乾隆年间的节孝牌坊，在"文革"期间，村民用黄泥覆盖才得以保存下来。牌坊显露出淡淡的金黄色，让人感受到那份远古的苍凉。

节孝牌坊全称为"旌表黄长庚之妻邓氏节孝坊"。

据考，黄长庚为清代乾隆年间的进士，官至都察院右副都御史，负责巡抚江西军务。但黄长庚英年早逝，其妻邓氏一直谨守贞节没有改嫁，并尽心侍奉孝敬公婆。

乾隆皇帝为旌表邓氏节孝，下旨在黄家大屋前立一节孝坊。因是皇上旨意，故又在节孝坊正上方加立了一块"圣恩"字碑。

节孝坊和"圣恩"字碑是用数块青石做成，虽经岁月冲刷，也没有任何残损。

"圣恩"字碑

它们之所以能保存得如此完好，要归功于居住在堂屋内的几位老人。

"文革"期间，这几人巧妙地用调好的黄泥浆拌稻秆遮盖起了节孝坊上的字迹及雕刻，使其未遭任何破坏，得以幸存下来。

牌坊上第四层一块长条形的青石板上，密密麻麻雕刻着众多的当朝官员的姓名，其中第一名为太子太傅、内大臣、文华殿大学士兼礼部尚书、两江总督高晋，还有兵部侍郎海明，兵部右侍郎、提督江西学政蒋光益，江西布政使德文，江西督粮道灵泰，抚州府正堂汤萼，宜黄县正堂姜廷炳以及宜黄县儒学教谕、训导、典史等等。

此外，牌坊左右两侧的附属建筑中，还各在两块青石板上雕刻着邓氏的父族亲戚、夫族亲戚20余人的姓名，这在抚州众多的牌坊中首次发现。

从节孝坊继续东行，在一栋深宅老院里，我突然看到了一首用毛笔抄写在墙壁上的"国旗歌"，署名戴季陶作。

村民介绍说，80多年前，老宅里曾先后居住过红军和国民党军队，老宅里的墙壁上，至今还保存有多幅红军标语。

一栋民宅里，国民党军、红军标语共存，实在是少见。

而戴季陶作词的"国旗歌"抄写在西屋的一爿墙上，墨书字迹完整而清晰。

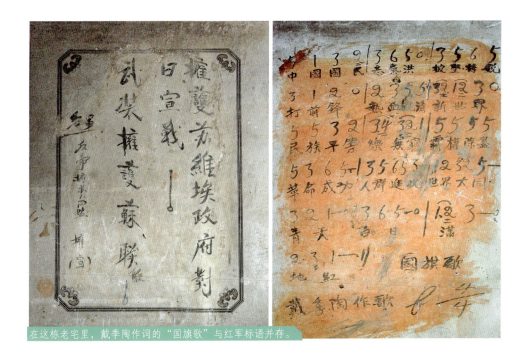

在这栋老宅里，戴季陶作词的"国旗歌"与红军标语并存。

旗杆石是标榜科举功名的，蓝水三村老街多处可见旗杆石，足见历史上蓝水人才辈出。

　　戴季陶（1891~1949年），是国民党元老之一。辛亥革命成功后，担任过孙中山的秘书。当选过国民党中央执行委员、常务委员、宣传部部长，及后司掌考试院长达二十年，为当时"中华民国国旗歌"的歌词作者。1949年2月，国民党的统治即将崩溃，戴季陶感到失望而自杀。

　　有关"国旗歌"的报道刊发后三天，我忽然接到了台湾学者刘怡伶的电话，称其在网上阅读了有关"国旗歌"的新闻报道。近些年来，刘怡伶正在作这一学术研究，其研究结果证实，宜黄蓝水村墙壁歌词作者应为戴季陶。

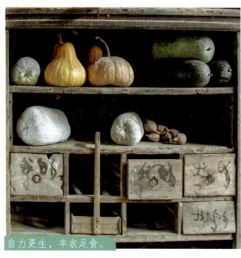

自力更生，丰衣足食。

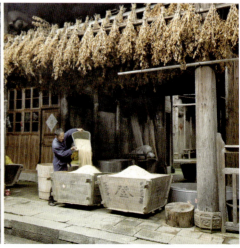

我从刘老师发来的资料影印件中看到，戴季陶"国民意志洪"版本共有四段，宜黄蓝水村墙壁上抄写的歌词与第三段完全吻合。

老街上的清代纹银首饰店铺旧址

蓝水老街上有一清代纹银首饰店铺旧址，为清代建筑。店铺呈半圆形的门面，左上方用红底黑字写"精造纹银首饰"数字，因年代久远，首饰的"饰"字已经模糊不清。据了解，清朝流通货币名称是纹银。纹银，也称"足纹"，是清朝法定银两标准成色。1933年国民党政府宣布废两改元，纹银退出流通领域。

蓝水老街其实还有一座节孝牌坊，表彰的是张北辰之妻黄氏孺人。与黄长庚之妻邓氏牌坊一样，张北辰及黄氏家族也是青史留名。

站在后山坡上俯视，蓝水一览无遗。

站在后山坡上俯视，蓝水三村一览无遗。

江背梯田的秋景也十分迷人

江背村：八卦梯田似彩练

我以为，江背梯田绝对是抚州最美的梯田。

江背梯田美在她的形状如同五行八卦图一样，有一个中心圆点，由于太阳的照射，变成太极"阴阳"两仪，然后大大小小的梯田按八卦方位向外、向上延伸……

一年四季，江背梯田有两季最出彩：春夏之交，梯田灌水，农夫耕作。深秋之际，梯田如彩练，农夫收割……

摄友陈诗国是宜黄东陂镇江背村人。2006年初夏，家乡观念十分浓厚的诗国，发出邀请，邀我去他家乡拍摄。他说，家乡有梯田，时下正是耕耘季节。

江背村

　　江背村，距县城 53 公里。江背村位于东陂西部 2 公里的小山冈背田旁，原名冈背，后谐音江背。

　　那一太极八卦梯田，隐匿在大山坳里，如同养在深闺。 我第一次拍这大山里的梯田，不知从何下手，先在前山转了几圈，没有找到一点感觉。正在沮丧中，忽然看到一位农夫荷着锄头往山里去。于是，我便随着他而行，气喘吁吁地爬到山顶。蓦然回首，这蔚为壮观的梯田就展现在眼前。

　　江背属山区村，面积 18 平方公里，有耕地 1323 亩、林地 12000 亩。其中耕地 60% 以上为梯田。

　　江背村村主任介绍，该村建村在元末明初，总有 600 多年历史，那梯田是逐渐逐渐开垦出来的。

　　宜黄归来，通过媒体推介了江背梯田，引起轰动。 仅仅隔了一个星期，抚州大批摄友扛着长枪短炮，驱车江背，拍摄这抚州难得一见的梯田。 深秋时节，摄友们进山，拍摄梯田收割的场景。

　　满以为这一处被我们刚刚发掘的梯田景观，能年年延续下去。 但是，风云突变，后来竟然听说梯田要退耕还林了。这八卦梯田如昙花一现，风光难再了！ 不过，前不久有听村民说，虽然部分山地退耕还林，但梯田的主景区还在，村民还愿意让我们去拍摄。

江背是第二次国内革命战争时期中央苏区第四次反"围剿"的主要战场之一，红军"东陂大捷"战场有东陂、草鞋岗、黄柏岭、层源、江背、河溪、三溪等村和新丰乡侯坊村。1993年3月下旬，周恩来、朱德、彭德怀、林彪、聂荣臻等指挥红军在此一带歼击国民党"围剿"部队，在草鞋岗、黄柏岭、霹雳山、雷公嵊、笔架山摇篮寨发起猛烈进攻，一天一夜歼灭国民党11师全部、59师残部和9师1个团，11师师长肖乾受伤逃跑。至今，该地尚留有许多战争痕迹和红军书写的标语。1983年八一电影制片厂为摄制反映聂荣臻生平业绩的影片，到草鞋岗拍摄外景。1985年，这一带被列为江西省第一批名胜风景点。

江背人喜欢吃辣椒，瞧这几筐红红的辣椒。

江背梯田的秋景也十分迷人

由于地处观音水库上游，这里水系发达，溪水落差较大，形成大小不同的多个瀑布。

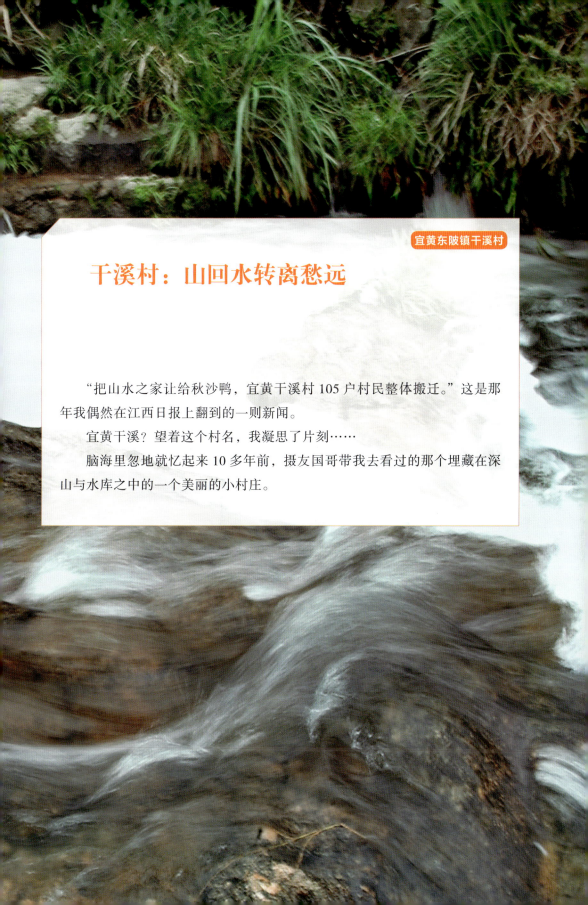

干溪村：山回水转离愁远

"把山水之家让给秋沙鸭，宜黄干溪村 105 户村民整体搬迁。"这是那年我偶然在江西日报上翻到的一则新闻。

宜黄干溪？望着这个村名，我凝思了片刻……

脑海里忽地就忆起来 10 多年前，摄友国哥带我去看过的那个埋藏在深山与水库之中的一个美丽的小村庄。

干溪村水资源十分丰富，溪水环绕村庄，村里传统民居都建在溪水两边。一条青石板砌成的小路一直延伸到村中。

国哥是宜黄东陂镇江背村人，小时候曾做过卖冰棒的小生意，小小年纪的他骑着自行车将冰棒送到干溪村时，尽管一身汗水，但还是被这儿旖旎的风光迷住了。

干溪村为戴、薛、饶等多姓聚居。据《宜黄县地名志》载：明天启年间（1621~1627年）饶氏由南城白干迁此。取故居名尾字（干）而称之。

记得那是2006年的5月14日，我们一行人去国哥家乡江背拍摄了梯田后，先乘轮渡经过观音山水库，然后步行进了干溪村。

轮渡司机拔锚开始启程了

干溪村属于东陂镇边远村庄，交通十分不方便。

从东陂镇到干溪村，有两条路，一条是从观音山水库乘10多分钟的轮渡，然后登岸后再走3公里山路。另外一条路是山路，有10多公里，且路况不好，村民一般都选择乘船出入。上图是2006年拍摄的村民等候乘轮渡回村的场景。

2006 年 6 月，村里人气很旺，这些孩子们好奇地望着我这个外乡人。

当年，种植蘑菇，是干溪村民致富的支柱产业。

村庄四面环水，建筑分散，串个门得绕个大弯。

2006 年，这栋土坯房里正在办理一场白喜事。

　　我们进村的时候，看见一群孩子端着碗筷，席地而坐，正在外面吃饭，几条狗出神地望着孩子们，期待着孩子们的施舍。

　　村里也有一座年代久远的石拱桥。

　　我第二次进村是在 2012 年 12 月 7 日。村里人口明显减少，整个干溪学校里只有 6 个学生。

　　石拱桥上是孩子们游玩的好地方。

干溪村的石拱桥

2012 年的时候，村小学只剩下这 6 名活泼可爱的学生了。

这是村里唯一的一栋有门坊的砖木结构的传统民居，宅子的前面正对着石拱桥。

6年后的孩子们明显较过去活泼可爱一些。

在回城的路上，我们再次登上观音水库轮渡，巧遇一位在外地上大学的学生。他惊诧我们来到这么不方便的地方拍摄。他说："干溪村是我土生土长的地方，有着我小时候的美好回忆，小时候虽然穷，但是很开心快乐，感谢摄影者留下村庄的最后的影像，能给我们回味童年的时光。"

这位大学生告诉我，遗憾的是，你只拍摄了干溪村，这一带还有中村、朱坊、源头、曾公段，都是山清水秀的好地方，溪水很清，山上很美，因不通公路，只能走小路。他的家乡在源头组，因为没有大路，要走7里的山路，他说老家的记忆已然模糊，只是依稀记得有个年代久远的祠堂，祠堂里面供奉着很多先祖的排位。

干溪回来，又给国哥去电话，询问干溪村的情况。国哥告诉我，虽然村民整体搬迁离开了原住地，但土地还在，村民还需要回去种田。而政府也有将此地打造成旅游休闲观光景点的计划。

黄柏岭村：还忆当年鏖战急

　　宜黄县东陂镇黄柏岭村，是红军第四次反"围剿"战役中"东陂战役"的主战场，现有红一方面军总部会议旧址、东陂大捷主战场遗址、革命烈士陵园、红军广场、红军伤病员住址旧址、红军战士住址旧址、红军伙房旧址、红军井等众多红色旅游景点。已打造成为抚州市爱国主义教育基地。每逢重大节日，大量游客纷至沓来，追寻先辈足迹，继承优良传统，接受红色教育。

展厅里的陈列内容十分丰富

当年战场上的实物陈列

黄柏岭村位于东陂镇南部7.5公里的高山坳上。

《徐氏十三修宗谱》载：北宋治平年间（1064~1067年），徐氏由永丰县沙溪析居此地。因始宅建在黄色柏树旁，且地势高、岭多，以此而名。

红一方面军作战总指挥部旧址，位于黄柏岭村村口"徐氏宗祠"。占地面积1000余平方米，分上下两个厅堂。祠内保留下来的红军文物、文献资料非常丰富。

1933年3月下旬，中央苏区第四次反"围剿"著名的东陂战役红一方面军作战总指挥部设在此，召开了有高级干部参加的军事会议，朱德出席会议。

继黄陂大捷后，红军主力迅即转向东陂至新丰一带休整。蒋介石不甘心黄陂战役的失败，命令"进剿"军中路总指挥陈诚所部由黄陂向东陂继续攻击，搜索前进，寻求红军主力。

红军得悉后，利用东陵黄柏岭村处于地势险要的草鞋岗一带山地中的有利战斗地形，决定把作战总指挥部设在村内徐氏宗祠。

1933 年 3 月 20 日，敌前纵队第 11 师直逼草鞋岗、黄柏岭一线，敌后纵队第 9 师、第 59 师也从黄陂尾随而来。

面对强敌压境，周恩来、朱德等红一方面军领导人从容应对，运筹于作战指挥部中，他们以少量兵力诱敌南进，大部兵力埋伏在东陵至宁都边界的草鞋岗、黄柏岭一带山区。

敌 11 师师长萧乾骄横自恃，贸然进兵草鞋岗，与红军决战。在徐氏宗祠作战总指挥部内，红一方面军紧急召开军事会议，面对复杂的战事，当机立断，改变

徐氏宗祠的雕刻和彩绘

黄柏岭徐氏宗祠——红一方面军总部会议旧址

原来的作战计划，采取集中优势兵力打歼灭战的办法，在草鞋岗一带展开了你死我活的阵地争夺战，从拂晓激战到黄昏，歼敌 11 师五个团，敌师师长萧乾和一旅长受伤逃脱，击毙敌旅长 1 人，团长 30 人，俘敌官兵 8000 余人。粉碎了蒋介石对中央苏区的第四次"围剿"。

为了纪念东陂战役，宜黄县、乡两级政府筹措资金 10 余万，对红一方面军作战总指挥部旧址进行了全面维修。2006 年初，红一方面军作战总指挥部旧址被中共抚州市委、市人民政府批准为爱国主义教育基地。

当年我在徐氏宗祠里看到这张革命遗址管理制度时非常感动，是黄柏岭村民于 2003 年制定的，正是黄柏岭村民自觉保护传统建筑和革命文物的意识，使得徐氏宗祠安然无恙延续至今。

棠阴有数不清的小街深巷

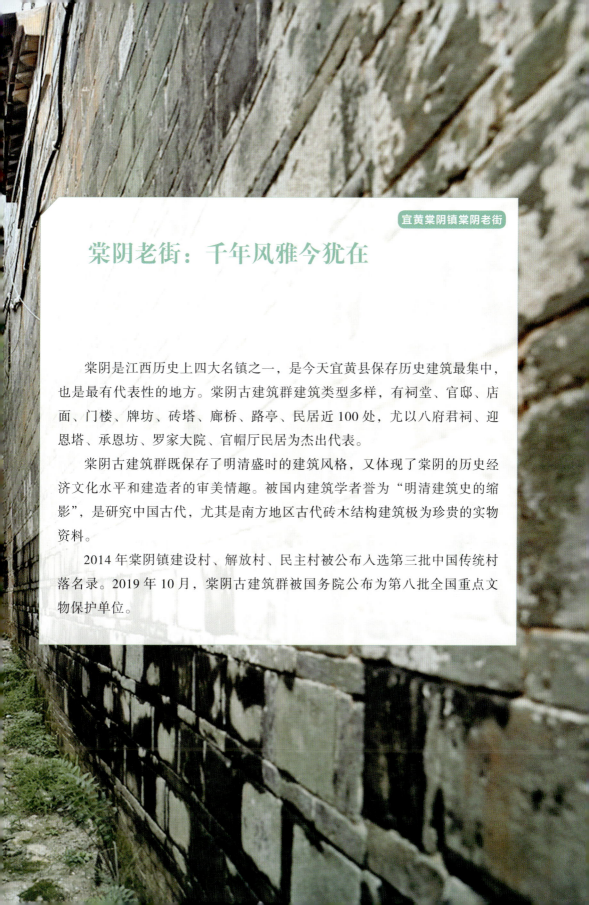

棠阴老街：千年风雅今犹在

　　棠阴是江西历史上四大名镇之一，是今天宜黄县保存历史建筑最集中，也是最有代表性的地方。棠阴古建筑群建筑类型多样，有祠堂、官邸、店面、门楼、牌坊、砖塔、廊桥、路亭、民居近 100 处，尤以八府君祠、迎恩塔、承恩坊、罗家大院、官帽厅民居为杰出代表。

　　棠阴古建筑群既保存了明清盛时的建筑风格，又体现了棠阴的历史经济文化水平和建造者的审美情趣。被国内建筑学者誉为"明清建筑史的缩影"，是研究中国古代，尤其是南方地区古代砖木结构建筑极为珍贵的实物资料。

　　2014 年棠阴镇建设村、解放村、民主村被公布入选第三批中国传统村落名录。2019 年 10 月，棠阴古建筑群被国务院公布为第八批全国重点文物保护单位。

棠阴地处宜水中游，河水至此流速平缓、清澈见底。
河床东西两岸均为卵石水滩，坦荡如砥。

棠阴老街的孩子们

先从迎恩塔来说棠阴吧！

迎恩塔在棠阴西北 1.5 公里处的龟山上，是一座六边形七层空心古塔。始建于明朝崇祯元年（1628 年）。塔高 36 米，直径 8 米，底层南面两边各有一扇门，可同时入塔，塔内有石阶梯螺旋式上至塔顶。像临川万魁塔一样，迎恩塔的设计，既神奇，又充满着情趣，可谓匠心独运。

迎恩塔

从塔上的瞭望口远眺棠阴古镇，古街、古巷、古祠、古庙、古桥、古牌坊历历在目。

棠阴八府君祠，无与伦比的宗祠建筑。

棠阴街最著名的建筑，当属吴氏"八府君祠"，八府君祠是纪念棠阴吴氏始祖吴竦的。

棠阴的兴旺发达，归功于临川居士吴竦。

棠阴宜水中游

棠阴原名陂坪，是一小村庄，始建于北宋年间，因村庄依山傍水，故得名。

宋天圣九年（1031年），临川居士吴竦，字敬文，号八府君，随父居住于临川，其家资丰厚，所拥田地连抚接宜，且喜游山川。

一日游览到陂坪，见其山清水秀，风光秀丽，以为钟灵毓秀之宝地，遂携夫人邹氏来此肇基，并手植甘棠树于村西南通道曰："汝茂，吾子孙亦昌茂。"

数年后，吴竦所植甘棠树葱茏挺拔，茂然成荫，其子孙亦兴旺发达。

至宋隆兴年间，吴竦七代孙时，吴家人丁家业更为兴旺，远近他姓，也相继迁入居住，人口与日俱增，各姓开基扩域，业盛家隆。

后人不忘吴竦亲植甘棠之宏祝，取"甘棠茂荫"之意，改陂坪为棠荫，又称棠阴。明万历年间，因商业隆盛，为江南通商贸易中心地之一。彼时始称棠阴为"镇"。

棠阴一带气候温和，雨量充沛，土地肥沃，河水清澈，适合种植苎麻和茶叶。

明清时期，棠阴以广种苎麻茶叶，盛产夏布而闻名。河水到此流速平缓、清澈见底。河床东西两岸，全是卵石水滩，坦荡如砥。这里是漂白夏布的最佳场所，凡经这一带河水漂流出来的夏布洁白又具光泽。

每年端午节后，棠阴南自清浦，北至索湖一带全长9公里的沿河两岸，夏布接踵覆盖，犹如地下银河，蔚然壮观。至明末清初，棠阴成了全省四大著名的夏布生产和集散中心地之一。最高年产量达40余万匹。

这栋老宅已被命名为棠阴"夏布公馆"

如今棠阴薯粉丝加工替代了夏布生产。这是村民在制作和晾晒薯粉皮。

古时候，棠阴因盛产夏布，商贾云集，经济、文化繁荣昌盛，涌现了许多富商望族。

这些富裕户凭着其雄厚的经济基础和秉持的文化理念，竞相修建祠堂、建造豪宅、拓建店铺。

历经数百年的营建，至清乾嘉年间，棠阴镇已发展成有常住户 3.6 万、人口 12 万人的大集镇。出现了五里长街，商店连绵；十里河埠，商船云集；方圆百里，豪宅栉比的兴旺景象。

第二次国内革命战争时期，红军也曾驻扎在棠阴，留下许多的红色故居。

这些祠堂、大宅、商店因其主人的政治、经济地位不同，文化、家庭背景各异，所建造的风格也各具特色，形成了建筑错落有致，风格各呈异彩，艺术斑斓多姿的建筑群体。

2005 年 5 月拍摄的棠阴镇民主村非常有代表性的民居建筑群，十多年过去，如今右下角的那堵围墙已经消失了。

又一座吴家大院，曾经做过棠阴镇政府办公房的场所。

　　"承恩坊"，明代的木结构牌坊，世上稀有。据《吴氏通政公五修房谱》记载：承恩坊是明宣德五年（1430年）由县知事谭政，为受皇帝恩赐荣归祭祖的通政大夫吴余庆而建，后因倾毁，明隆庆辛未年（1571年）邑候张慕渠重立。全坊为四柱三门三楼式全木结构。高8.35米，宽5.1米。顶脊为鲤鱼跳龙门造型，左右两端鱼尾上翘，呈跳跃状。脊下延伸出飞檐翘角，檐牙高啄。上层为仿城墙望楼式造型，腹檐用四方长条木叠成方形图案，似星斗，每个斗内除嵌丁字条木外，另翘出一条若如意、若朝笏之长条，疏密得体，错落有致，收檐尾部，细若蜂腰。中层檐以八字形左右延伸而出，上中两檐正中嵌长方形匾额，底色与全坊同一暗红，另用黑添镶边，匾内精镂"承恩"二字，涂以茜绿，其字相传为吴余庆亲书。

　　两柱分开处构成一方门，门上横楣镂刻"中宪大夫通政司右通政吴余庆"

承恩坊

十三个楷字，其下端嵌有四个木质园锣，上雕花纹，首端作葵花状。坊门左右侧各建有木棚小房间，传说是为分放皇帝恩赐及翰林院学士乐安籍姜洪所撰《承恩坊碑记》。

罗家大院

　　罗家大院，在通棠街与福长街交接处的西侧，原名"冠佳厅"，习称"官厅上"。始建于清代早期，宅主罗克垣，字炳文，恩贡生，考授州司马，兴家遐迩有誉。远遵家法，近守尚义，善行久著。乾隆十六年辛未（1751 年），县内遇饥荒，施米数百石赈济，邑候钱治，详令各宪为其送匾；其他公益，视为己任，如施田 1000 斗入学宫，捐资修猪头桥渡，组建桥会等，无所不及。

　　罗克垣生六子，十五孙三十元孙，皆书香及弟，通晓经史；为商者正大，殷富显达；为官者清廉，誉声鼎甲。奉政大夫，子孙无间。贤能辈出，物业流芳。抚州罗氏有尽出其门下之说。

　　罗家大院，至今已近三百年春秋。经受无数次严峻考验，但主体仍巍然屹立不倒。

　　棠阴的古建筑群在历经几百年的历史沧桑，其鼎盛时期的原貌已不复存在。现存规模只有当年的五分之一，但其保留下来的建筑群，既保存了明清盛时的建筑风格，又体现了棠阴镇当地的经济文化水平和建造者的审美情趣。棠阴的传统民居群体还在，格局和肌理还比较完善，是人们探访抚州明清建筑的"博物馆"。

从崖岭村俯视山下的千顷沃野，十分壮观。

崖岭村：将军亭下饮玉泉

宜黄县棠阴镇崖岭村，是一个历史悠久、生态优美的小山村，村子里古木参天，胜迹遍布，玉泉古井、尚书殿、将军亭、倒栽杉……吸引了古往今来无数文人墨客前去吟诗作赋。据宜黄县志记载，清代抚州郡守张伯琮曾慕名悠游于间。

崖岭在桃华山之上，山势险峻，道路崎岖，从棠阴去，还有很长一段山路必须徒步行走。2006 年 7 月 16 日和 2009 年 7 月 21 日，在宜黄热心朋友的带领下，我先后两次前去访古探幽。

玉泉古井将军亭

　　走进崖岭，沿着一条鹅卵石小路向后山而去，道旁有一口造型古朴的古井，名曰玉泉古井，古井上方立了一座牌楼式的纪念碑，碑文上记录的是清道光十一年（1831 年），该村重修玉泉井之盛况。

　　据碑文记载：玉泉古井于宋末元初由该村肇基祖廖春阳所凿，始名玉芸井，后清代抚州郡守张伯琮游此地，饮此井水，极力称颂，改其名玉泉井。井底沙砾琉亮，泉水清而味甘美。其井水一人饮而不外溢，众人用而不竭，饮其水而寿人。用碗盛其泉，水可略凸其碗。

玉泉井上方的纪念碑

崖岭将军亭，原名水井亭。

　　从古井沿石块路上攀缘数百米，在村子的后山脊凹隘处，可见一古亭扼守其间，这就是将军亭。将军亭原名水井亭。据该村族谱记载，将军亭始建于清康熙丁酉年（1717 年），亭内长 4.2 米，深 5 米，以全石构砌成巩瓮，其顶以山土填平，形成拱桥状。

　　亭东门楣上有"紫气东来"四石刻字。立亭内，南可鸟瞰山下村庄貌，一片绿源。北面修竹层层，满目青翠，丛间炊烟袅袅，似云如雾，山风对流，清凉无比。清代雍正年间，该村出了一名将军，亭便由此改名。

　　第二次探访时，山上道路已经被茅草封闭，是一位村民用柴刀一路伐薪，才使得我们顺利看到将军亭。

倒栽杉树盼儿归

从将军亭左行数十步，就能看见倒栽杉树，树高5米，树围1米多，令人惊奇的是此树上粗下细，干直无节，顶部无数弯曲交错的丫枝，似根须朝天，多根丫枝斜插入泥中，俨如一株倒栽的杉树。

倒栽杉上粗下细，干直无节，俨如一株倒栽的树木。

倒栽杉的旁边，还有一座名曰"尚书殿"的残墙断垣，但青石门楼的"尚书殿"三字清晰可辨，从门楼进去，可看见两座石坊式的墓。

有关"倒栽杉"的传说，源于清康熙年间的一个传奇故事。

当年崖岭住着一贫苦母子，儿子叫黄君遴。那年福建沿海倭寇屡犯，边关

崖岭有座名"尚书殿"的门坊

178

吃紧，国内大征兵，黄君遴被征去当了兵，在福建一兵营当伙夫。时战事吃紧，部队开到前线，领军恐倭寇夜间偷袭，就在兵营周围埋下土炮。

一日，天还不到五更，君遴因腹泻到营房外大解，也是阴差阳错，他方便的地方正好埋有土炮。君遴有吸烟的习惯，旱烟筒的残烟不慎被他吹到了引线上，只听得引线嗞嗞作响，土炮便轰轰隆隆的爆炸起来。

君遴回头望去，远处地上横七竖八躺满了倭寇的尸体。他乐极了，向领军报捷。领军大喜，连升他三级。从此君遴当了管带，他后来又连战连胜，官位频频高升，一直做到游击、参将。

崖岭村里可怜的黄妈妈，不知儿子生死，更不晓得儿子已经升了官。朝朝暮暮，思念儿子，每日以泪洗面。忧虑之中，她挖来一棵杉树苗，砍了树叶，倒栽在崖岭将军亭之傍，祈祷儿子平安归来。几年后，倒栽杉枝繁叶茂，儿子果然荣归故里。

人烟稀少兽猖獗

第二次进崖岭村采访时，村民告诉我一个信息，这个原本 17 户人家的村庄，在 20 世纪 90 年代后，出外打工人员增多，由于交通不便，许多村民外迁。到了 2009 年，在村里居住的，只剩下廖宗福、廖公义两户人家。另有一户人家已在山下购买了房子，常年居住在山下，只是在农忙时节才来村里干活。

由于人烟稀少，村里草木葱茏，山林中的野兽时常进村游荡，甚至捕食家禽家兽。就在一个月前，廖公义家饲养的两只大肥猪，竟然被不知名的野兽咬死了；一只 150 多斤重的生猪，被野兽咬死后，前两只猪蹄也被野兽吃掉了。据林业部门分析，能咬死这么大的生猪，或许是大型猫科动物。

君山的双井，寓意出自"双井"黄氏。

君山村：武云亭桥双井水

参天之树，必有其根。
怀山之水，必有其源。

我于抚州古村之探访，每遇同姓黄氏村落，必追根溯源，以期联络宗亲友谊，宜黄君山村为其一也。

君山为宜黄棠阴镇所辖，这里青山环抱，雄关护锁，碧水萦绕，古木参天。这里保存的明清古宅鳞次栉比，宗祠古井星罗棋布，就是在这里，诞生了一代御医黄宫绣。

古时候，进君山村只有一条路，有一亭桥式建筑设于君山村村口曲岭之上，左祠右山之间。亭桥又如关隘，有一夫当关万夫莫开之势。

亭桥原名"武云亭"，据《君山黄氏七修族谱》载，明万历年间，文林郎武安知县李士元曾为其撰有《武云亭赋》：武云亭建于明万历丙戌（1586年）仲秋。横长14米，深约8米，砖木结构，巩石砌亭门，上架巍楼于其上，尤似城墙护锁君陵。门楼顶脊两端为卷云状，中立大小三叠球式瓦塔，其檐四向鲲鹏展翅欲飞，檐下前后各设五扇花窗，均添以石绿，似庙宇钟鼓楼。底层四墙三间；左右为茶水房，中为通道凉亭，宽敞阴静，两侧墙根各有一级长条石阶，平整光洁，可坐可卧。亭侧一溪清水川流而下，灌溉东西田畴。

君山村村口武云亭

亭前旷其禾稼，碧浪翻滚；亭后古柏，参天如蓬；清风徐来，美不胜收。尚有千年红豆杉，高耸入云，四五人方能合围。

过亭桥百米，可见一"贞寿之门"。这是清初，为君山村黄胜佐之妻吴氏百岁而立，全石结构，现保存尚好。贞洁而长寿，这在古代倍受推崇。

君山村内古井众多，其中一古井为双井圈盖，村人称双井，寓意起源于双井世家，为铭记祖恩祖德，将古井凿成双井形状。

这几棵红豆杉生长在一处，枝叶茂盛。

"贞寿之门"，是清初为黄胜佐之妻吴氏百岁而立。贞寿门书法十分严谨。

君山村还有这种凿成半壁山洞式的古井，十分罕见。

君山村这种凿成半壁山洞式的古井，在抚州是十分罕见的。

君山村水源充足，一条溪水绕村而过，君山的古井水质清冽，其形制也各有特色。

君山村传统建筑以宗祠为主，共有明清建筑 30 余栋。据《君陵黄氏七修族谱》载：北宋大观年间（1107~1110 年），黄姓由崇五都茅岭析居之。始名君陵，意为开居者自称"君子"居此丘陵地带。后俗称君山。

黄琼长子黄湟，字淑祥，号黄三公继居，为君陵黄氏肇基者，至明代，生齿日繁。至清代，黄氏宗祠不断增多，目前尚存有：仲云公祠、良一公祠、黄奎轩祠、元公祠、彦谦公祠、行人公祠。

其中元公祠是为明代广州府司理黄元所建，公祠雕梁画栋，最为宏大精美，但近年因山体滑坡，公祠大部分已被泥土淹没。

君山村中元公祠遗构

君山村中元公祠遗构

君山村这栋五滴水的宅邸，构建宏伟。

君山村的这栋五滴水的建筑，很有气魄，造型别致。

　　君山虽地处山坳，是一个较封闭的村落，公共建设却十分完整，石阶路和一条溪水环绕村庄，溪流四季清澈见底。

　　君山尚存名人建筑黄宫绣"翰林第"。

　　黄宫绣翰林第规模不大，小巧精致，内中还保存有关黄宫绣众多的信息。黄宫绣，字锦芳，号绿圃。生于清雍正九年（1731年），卒于清嘉庆二十三年（1818年），享年88岁。黄宫绣嘉庆九年（1804年）甲子科乡试，赐举人。嘉庆十年（1805年）乙丑科会试，赐进士出身，钦授"翰林院检讨"。黄宫绣不仅仕途腾达，而且精通医理，勤于著述，是清代著名医学家，乾隆时代宫廷御医。与陈自明、崔嘉彦、严用

君山是御医黄宫绣故里，黄宫绣是江西古代十大名医之一。这是黄宫绣故居"翰林第"。

和、危亦林、龚廷贤、李梴、龚居中、喻昌、谢星焕并列为江西历史上十大名医。

黄宫绣对宫廷珍藏的各种医学专著以及秘方、验方，无不悉心研究。著有《脉理求真》《本草求真》《本草求真主治》《医案求真初编》；注释了《新增四言脉要》《十二经脉歌》和《奇经八脉歌》。《本草求真》是一部中药研究专著，直到现代还能多次再版发行。

君山村有环状古驿道，直通建昌府，奇怪的是，驿道上立有"樟树庙"，据村中老人介绍，君山曾经是宜黄及周边村庄中草药集散地，这樟树庙与药都樟树有何干系，不得而知。

君山村后驿道旁还有"燕山拱秀"民居，燕山本是中国北部著名山脉之一，战略要地。但该宅取此名不知何意。

樟树庙

黄宫绣"翰林第"规模不大，小巧精致，内中还保存着有关黄宫绣众多的信息和文物。

宜黄古村遗韵 191

宫行

玄香

造林绿化，促进生态平衡。

红墙黛瓦的碧玄行宫。小小的一个山村，居然有这种似乎为皇家建筑的行宫。

硖石村：溪水垂杨绕行宫

愿借老僧双白鹤，碧云深处共翔翔。

　　　　　——唐·戴叔伦《夏日登鹤岩偶成》

细草终朝随步辇，垂杨几处绕行宫。

　　　　　——唐·卢象《驾幸温泉》

　　用这两句唐诗，来形容棠阴镇硖石村的风光，非常适宜。因为碧云、白鹤、细草、溪流、垂杨、行宫这些诗里的要素，硖石村均可识见。

　　硖石系村委会驻地。位于棠阴镇东南溪水两边。从卫星云图上看两条溪流在村东汇集后，一路奔腾向西。溪流的两旁尽是民居，其中不乏明清建筑。

据《宜黄县地名志》载"宏江许氏七修宗谱"：北宋景祐年间（1034~1037年），许姓由临川县石鼓迁此。因地处两山夹水，水中有石，而名硖石。

据了解，硖石村为多姓聚居，但目前以洪姓为主，洪姓人口占全村居民的90%以上。村中正在维修的那座宏大的洪氏宗祠，就是佐证。

进村就被那条横贯东西的溪流吸引了，清澈见底，晶莹剔透，涓涓不息。溪流上建了多座石桥，从独石桥到11块条石铺就的石桥，溪流上每隔数米就是，真不知道这里石料资源如何这般丰富？村民告诉我们，硖石村的附近原来有处石山，地上铺的石头和桥上用的条石，都是村民一块一块在山上开凿出来的。硖石逐渐形成小集市，周边的寮寨的村民也逐步迁到硖石村中聚集，方便生活。

每隔数米就是横贯东西的石桥

村的东边，有村中目前保存的唯一一座石拱桥，从桥下细看，有两股清流在此处合二为一。

沿溪流小河的路，中间铺着一条长长的石板路。村民说，这路是有历史的，老辈人叫它"状元路"，是说古时候，村里曾出过类似状元、榜眼、探花这样的人物。溪流上还有蛤蟆桥，拱桥下有石碑，碑文至今没人能认识。

村里传统建筑不多，大部分毁坏了。村里唯一存留的牌坊建筑，门坊中间书"云汉天章"四字。云汉是银河，天章为皇帝写的文章。硖石村的先贤们，出手都是气势磅礴的金句。

村里最古老的一栋建筑，其厅堂的斗拱、月梁采用的是歇枋规制，其建筑年代大约在明代早期。

村里最醒目的建筑，就是溪水中央的这座"碧玄行宫"。真没想到，小小的一个山村，居然有这种红墙黛瓦的皇家建筑。行宫，是指古代京城以外供帝王出行时居住的宫室，也指帝王出京后临时寓居的官署或住宅。

但有村民告诉我，在棠阴镇这一带的民间，行宫不仅仅是指皇帝出行驻跸的宫殿，也指不是祖庭性质的神仙道场，硖石村南去数十里的军峰山顶，就有道观"碧玄洞天紫云宫"，供奉三仙真君。

溪水里砌有许多的条石，为方便浣纱洗漱的村妇。

　　行至溪水西边的这一处，是硖石村的重要节点，建筑比较集中，桥面也较宽，由最多的 11 块条石组成，桥的南面有一栋庞大的古建筑，照壁上书"瑞迪口口"。

　　其宅邸的正厅似小官厅模样，后面也有照壁，上书"以保我后"，此语出自诗经的《商颂·殷武》："……商邑翼翼，四方之极。赫赫厥声，濯濯厥灵。寿考且宁，以保我后生。"后生，犹言后代子孙。

　　正厅前还有两个大花替木，感觉又是一与宜黄其他地方不同的构造形式，这个硖石村真真是新奇、独特的事物太多了！

戈坪的早晨

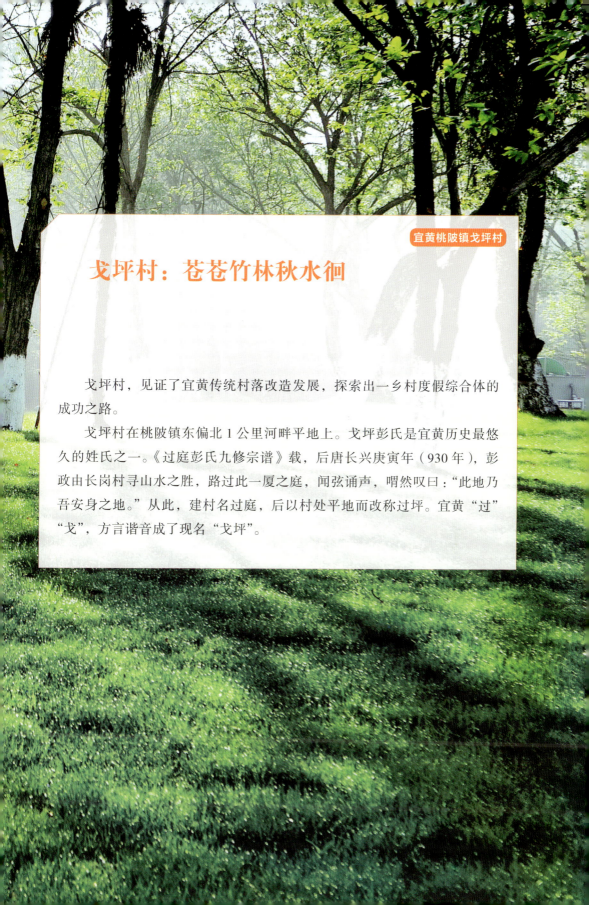

戈坪村：苍苍竹林秋水徊

　　戈坪村，见证了宜黄传统村落改造发展，探索出一乡村度假综合体的成功之路。

　　戈坪村在桃陂镇东偏北1公里河畔平地上。戈坪彭氏是宜黄历史最悠久的姓氏之一。《过庭彭氏九修宗谱》载，后唐长兴庚寅年（930年），彭政由长岗村寻山水之胜，路过此一厦之庭，闻弦诵声，喟然叹曰："此地乃吾安身之地。"从此，建村名过庭，后以村处平地而改称过坪。宜黄"过""戈"，方言谐音成了现名"戈坪"。

有 1090 年历史的戈坪村，是宜黄县彭氏祖源地。史载，彭姓得姓始祖为篯铿。唐尧封篯铿于彭城，因其道可祖，人称彭祖。彭姓出自颛顼帝的后裔。上古时代，颛顼帝有一曾孙名吴回。吴回的儿子陆终娶鬼方氏的女儿为妻，陆终之妻怀孕三年后都未能产下一子，万般无奈的陆终只好用利刃剖开妻子左肋下方，产下三子，剖开右肋下方，又产下三子。六个儿子中的第三子名篯铿，后来被封在大彭。大彭为商朝时的诸侯国之一。篯铿是个有名的长寿者，据说他活了八百多岁，经历了夏、商两代，所以被称为彭祖。他的子孙就按照当时习惯，以国命姓，称为彭姓，他们尊彭祖为彭姓的得姓始祖。彭国灭亡后，彭人四散。向东南移民的一支彭人是从徐州南下，进入安徽的和县（古称历阳），南渡长江进入江西的鄱阳湖（古称彭蠡）及赣江上游的桃江一带，与山越族相遇，一部分彭人融入山越族。宋朝时期，彭姓第一大省是江西，约占彭姓总人口的 37%。

戈坪村三面环水，四面绕绿，呈一个自然的绿色半岛，环境优美。戈坪彭氏后裔说，此地为彭祖养生之封地，因此也被称为彭公岛。

2013 年 1 月，因此地发现中华秋沙鸭，我们来到此地拍摄，但见一溪流水下，周边杂草丛生，十分荒凉。借助林业部门在此搭建的观察所，我们乘竹筏登上了江心岛，静静地隐蔽在树林灌木丛中，悄悄地等待拍摄中华秋沙鸭在水中嬉戏的最佳场景。7 年时间过去，彭公岛发生了翻天覆地的变化，环境变得更好了，生态资源也被很好地利用起来，一年四季，来彭公岛旅游的人摩肩接踵、络绎不绝。正月里，外出游子和四面八方的彭氏寻根问祖的人们，簇拥到彭氏大宗祠内，他们点燃了香烛炮仗，进行祭祀祖先活动……如今的彭公岛，满眼益然绿意，处处鸟语花香。一片茂密的竹林沿河而长，两条环形木栈道镶嵌其中，漫步在葱葱郁郁的竹林里，可以感受到一派竹水交融、青竹碧水的景象。在彭公岛内，开设了一间桃溪茶坊，来往的人们都可以在此停留，抿一口老茶，赏一方净土，在氤氲茶香中忘却烦恼……

据悉，自城乡环境治理工作开展以来，戈坪村以规划为龙头，以专项整治为抓手，按照"政府引导、村民参与、市场运作"的模式进行建设。总投资 3000 万元，目前已投入 1200 万元，初步完成了游步道、公厕、停车场、度假屋、民宿、水上娱乐等功能设施，同时，还配套完善了相关基础设施，生活污水经过管网集中收集，然后排入生态系统进行处理或灌溉农田。戈坪迎来了发展的春天。

戈坪（彭公岛）过去的影像

摄影爱好者在戈坪拍摄中华秋沙鸭

车从大龙山下来，一路上看不尽
的是黄澄澄的土坯房。

河脑庙前村：百年土坯度冬夏

己亥年正月初十，从海拔 1200 米的大龙山下来，行进在弯弯曲曲的乡道上，远处延绵起伏的山丘与路边黄澄澄的土坯房，同新春联、窗花及迎风招展的红灯笼相映成趣，组合成了一幅色彩斑斓的山村风景图。

车上有人认为当下农村风行千年的土坯房，行将消失，值得记录一番。宜黄摄友大司乐告知：新丰乡的河脑、庙前村土坯房极多，造型古朴，那里还有古戏台！

河脑上村和庙前村相距不远，两村均为萧姓。据《萧氏十一修宗谱》，南宋淳祐年间（1241~1252 年），萧氏由宁都萧田迁此。

在河脑村，我注意到，这里的土坯房多为两层，二楼以梁上置实木板而为楼板，木材选用可再生的杉木，纹理笔直极少弯曲，质地轻以减少载荷。

远远看见一栋土坯房的二楼有人在安装电视接收器，便循声进了这栋土坯房，看见十分温馨的一幕——多年在外务工的儿子回到家中，帮助母亲整理电视接收器。

河脑上村萧威则公祠。简洁大方，其柱础为明代的。《萧氏宗谱》载，南宋淳祐年间（1241~1252年），由宁都萧田迁此。

这家土坯房的二楼很宽敞，有一长条形的木质阳台，站在这里极目远眺，群山巍峨，山谷里是一片翠绿。楼上有三大间和一个厅堂，储藏间摆放着收割来的稻谷，一间是睡觉的房屋。老太太说，梅雨季节，人住在楼上很舒服。

见有客人来，老太太、儿媳妇也上楼招呼。我们聊了几句。儿媳妇说："我也是在这里长大的女孩，随夫去沿海务工多年，已经在那边安家了。总是觉得老家比外面好，山清水秀的，春天满山野花盛开，夏天可以去河里玩，村里都很凉快。再热的天气，也从来不用空调，就连风扇也只是偶尔需要吹一下。秋天家家收稻谷，冬天我们在山坡上打雪仗、堆雪人，山里没有污染，也没有雾霾，乡亲父老们都很淳朴善良，谁家有什么事，全都会来帮忙！"

土坯房里的老人

春节期间，村里人气还是很旺。弯曲的乡间小道上走着去喝喜酒的人。

老太太儿媳妇还说，这种土坯房结实耐用，冬暖夏凉，使用寿命长，现在建的钢筋水泥房能用几百年吗？不可能，你看街上那修房屋漏水的走南闯北忙个不停。

回归自然就是回归本色，流连其中，方能感悟历史的脉搏……

庙前村唯一保存下来砖木结构的建筑是这座万寿宫，万寿宫内建有戏台，能容纳百余人观看。摄友大司乐曾经在这个村里与演员同吃同住了五六天，戏台上打一通铺，就是乡村最豪华的宾馆了。

"夏尝绿荷池，冬吟白雪诗。"这一对手绘彩画趣味盎然。

村里还有八十多年前的红军标语

来护竹古戏台演出的均是宜黄、宁都两县民间的戏班子。

护竹村：戏文烙印知多少

　　在抚州，倘若有人问起革命标语哪个地方最多？我一定会推荐他去宜黄县新丰乡护竹村瞧一瞧，护竹村有 10 多幅在 20 世纪 60 年代书写的大幅"毛主席语录"和标语，会让经历了那个时代的人，回想起许许多多的陈年往事……

　　护竹村另外一个看点是一座具有抚州特色的古戏台——神庙戏台，戏台已历 200 多年了，是省级文物保护单位。

2005 年 4 月 11 日，我第一次踏访护竹村。原本只是陪同东华理工的一位教授去考察护竹华光神庙戏台，但进村第一眼，便被村民亲切地称其为"毛主席语录纪念屋"土坯房吸引住了。

这栋土坯房立于村中央，是当年护竹第一生产队办公场所。远远地就可以看见墙壁上的毛主席语录："我们的责任是向人民负责。每句话，每个行动，每项政策，都要符合人民的利益……"

走进屋内，只见三面墙上也写满了毛主席语录："我们一切工作干部，不论职位高低，都是人民的勤务员，我们所做的一切，都是为人民服务，我们有些什么不好的东西舍不得丢掉呢？""艰苦的工作就象（像）担子，摆在我们的面前，看我们敢不敢承担。担子有轻有重。有的人拣轻怕重，把重担子推给人家，自己拣轻的挑。这就不是好的态度。有的同志不是这样，享受让给人家，担子拣重的挑，吃苦在别人前头，享受在别人后头。这样的同志就是好同志。"……粗略计算，该屋内共有 10 多条语录、标语。

"那是在 1966 年时，公社下派工作组里的张老师写的。当年我也 23 岁了，

这栋土坯房立于村中央,是当年护竹村第一生产队办公场所。

看到张老师在屋里一笔一画地描绘。他先是打格子，用米尺画好线，再誊写。花了几个月的时间。"房东肖仁东如是说。如今，这栋土墙房以及上面的毛主席语录，虽然经历了近半个世纪，至今仍然保存良好，吸引了不少当地的群众和外地的游客前来观赏，成为大家回顾那段历史的一个好去处。

在小溪旁，还有一栋土坯房也写满了语录和标语。有学者说，毛主席语录墙具有鲜明的时代特色和特殊的历史地位，是中国经济社会发展特定阶段的必然产物，具有较高的历史价值。然而，随着经济社会的发展，能见证这一特定历史时期的特定物证，已逐渐消失殆尽，亟待保护。

从语录屋出来，行至护竹村河街中段，沿小溪有一长廊，雨天有许多村民在长廊小憩。

这里便是护竹真君庙戏台，是个保存较完好的神庙戏台。

殿内上首为华光神庙和礼厅，两壁重修庙记石碑，中为天井，两旁有走廊，下首为戏台，台面高 1.2 米，顶部为八角形藻井，绘有图案。

华光庙与古戏台之一

新丰乡 ／ 护竹村：戏文烙印知多少

华光庙与古戏台之二

华光庙与古戏台之三

护竹一带的宗祠，其雕塑与图案以灰雕为主。

后台过道为演员化妆及过场用。后墙及穿方上记有部分演出节目及戏班名称，其中有宜黄著名永福班演出的《闹沙河》等节目。戏台两侧为雕楼，是乐队伴奏及演员住处。

据《宜黄县地名志》载，新丰肖氏由宁都肖田迁此，在山坞中建村，原此地盛产毛竹，因名坞竹，"坞、护"谐音今名。护竹另一大姓为桂氏，村中有桂氏宗祠，始建于清代雍正年间，历经修缮。

桂氏宗祠内的祖训：忠孝节义。

修葺后的桂氏宗祠

侯坊村：荒度平成继禹功

北宋乡贤王安石变法，是中国古代史上继商鞅变法之后又一次影响巨大的社会变革运动。新法触动了大地主阶级的根本利益，遭到他们强烈反对，只有宋神宗为其最大的支持者，但也几次发生动摇，直到去世。

而以司马光为首的反对势力极其庞大，历史名人很多，就连王安石的两个同胞弟弟王安礼、王安国也在其列。

忽然就感觉王安石变法有些孤单，像他自己写的那首诗歌："墙角数枝梅，凌寒独自开……"

"墙角数枝梅，凌寒独自开……"

那天，我们在宜黄新丰乡走访时，意外发现了一个宗祠，村民说，宗祠是纪念一位支持王安石变法、为变法做过许多实际的业绩的侯氏先贤。

这个人便是王安石抚州宜黄的铁杆老乡：北宋大臣、水利专家侯叔献。

宜黄新丰乡侯坊村侯氏"追远"宗祠，据村民说宋代就有了。

要说宜黄侯氏历史渊源，唐朝时侯氏便迁居宜黄新丰石马，唐中和年间（881~885年），由新丰石马迁此侯坊村。

王安石变法的一项内容，就是制定了发展农业的各种新法，其中《农田水利约束》是我国第一部比较完整的农田水利法。《农田水利约束》的颁布和实施，大大调动了全国人民兴修水利的积极性。形成了"四方争言农田水利，古堰陂塘，悉务兴复"的喜人景象。许多地方在新法的鼓励下，自动组织起来，大兴农田水利，形成了一次水利建设高潮。

侯叔献便是这一改革最有力的支持者和实践者。侯叔献（1023~1076年）字景仁，抚州市宜黄县新丰乡侯坊人。著名宋朝大臣、水利专家。

侯叔献从小胸怀大志，刻苦读书，宋庆历六年（1046年）中进士。始任雍丘县尉，改桐庐县令。所到之处，皆有政绩，奸吏、豪强敛缩。后调制置三司条例司任秘书丞，参与议法。宋熙宁元年（1068年），神宗即位，志在富国，决定以农为本，制定出"农田利害条约"。侯叔献进言：汴河两岸原有沃土千里，因每年大汛期间汴河暴涨，冲击河堤，使官、私之地两万多顷变成盐碱地，而今用来牧马，也不过万顷，其余都白白荒芜。只要依汴河两岸地势开渠筑陂坝，增设溢洪道，将黄河上游的樊山水引入汴河，冲刷盐碱地，使其变为良田。神宗令其为开封府界常平，执行此事。后因都水监对此持异议，改调淮南提举、两浙常平使。

宋熙宁三年（1070年），正值王安石推行新法之时，侯叔献擢升都水监，提举沿汴淤田。他长年奔走各地，察看山川地势，吸取群众治水经验，辟大湖、立新堤、开支流，引樊水和汴水淤田治理盐碱地，经过数年努力，将汴河两岸荒芜之地变成40万顷良田。

侯氏宗祠十分简洁，其门坊上的雕刻有砖雕，也有灰塑。

熙宁六年（1073年），侯叔献迁河北水陆转运判官兼都水监。他主持引京、索二水，开挖河道，设置河闸，调节用水，既利灌溉，又利水运。

后又亲自督率民工疏浚了白沟、刀马、自盟三条河流，修复废塞的朝宗闸，开河两千余里，大大改善了当地农田灌溉条件。熙宁八年（1075年），主持引汴入蔡工程，使航运畅通。

侯叔献一生心血都倾注于水利事业。其治水主张，竟遭到反对王安石变法的保守派的诋毁，说他治水破坏风水龙脉，会招来天神降灾。他不为所动，坚持治水，以水利司钱招募民工修筑圩堤；鼓励农民开垦淤田，减免农税，使垦荒者获益很大；利用水道，沟通内外河道运输，甚至后来高丽国入贡也经由水道。

宋神宗嘉奖他："古人所谓勤于邦，尽力乎沟洫，于卿无愧。"

他长年奔波于水利事业，终因积劳成疾，于宋熙宁九年（1076年）病逝于扬州光山寺治水任上。宋神宗停止视朝一日，以示哀思。

侯氏宗祠上的这只翩翩起舞的白鹤，正是侯叔献人品的写照！

彭家岭村：把酒远山话桑麻

　　一个遥远的小山村，一群非亲非故的城里人，在一个春雨潇潇的暮色中偶然闯入，坎坷不平的山路虽让他们对归途有些恐惧，但又见山村美得是一塌糊涂，拍下了山村秀色。几栋黄色的土坯屋和几个可爱的山村留守人，见他们忍饥挨饿的，热情好客的村民便捧上手工制作的糍粑，香喷喷的糍粑香透了他们那彻夜未眠的记忆。临别时他们依依不舍，相约好了，秋后要带上几瓶好酒再来看望淳朴善良的老乡……

　　这有点儿似令人羡慕的孟浩然田园诗中的诗情画意了——

　　故人具鸡黍，邀我至田家。

　　绿树村边合，青山郭外斜。

　　开轩面场圃，把酒话桑麻。

　　待到重阳日，还来就菊花。

三个多月后，冒着酷暑，循着这群探索者的足迹，我们一行人驱车150公里，在宜黄与两车朋友会合后，十数人直奔宜黄新丰乡彭家岭村。

新丰是宜黄河宜水的源头，一路上风光无限，让我们不时地停车驻足观望并留影。

晨雾弥漫在彭家岭的路途中，风景十分宜人。

彭家岭，又称彭岭或彭溪，位于宜黄与南丰两县交界处四面环山的盆地，地势西高东低，故村庄坐西朝东，房屋依势而建。数百年来，陈、范、彭三姓和睦共居于此，陈姓族人聚居于南边，范家位于中间，彭氏族人聚居于北边。

若论土坯房，新丰一带还有很多。去年春节，我们随大司乐去看赣江源头的宁都朗际村，回来时，那"梨花带雨"的新丰乡的河脑、庙前村的土坯房都给我们留下了深刻的印象。

据彭家岭村《彭氏族谱》载，唐末彦昭侨居吉之沙溪，至孙国祥徙宁之廖源，宋末十三居士迁宜黄南源，及九世孙南烈迁彭溪聚族以居。

土坯房是建筑结构的补充，土坯房至今依然有其适用性的一面。土坯房在保

彭氏宗祠是村中唯一的砖木结构的宅子

温保湿方面，有着比较良好的表现。土坯房保存如此之好、建造如此之瑰丽，是宜黄对这一建筑领域的奉献，是值得建筑专家们深入研究的。

一行人中既有穿红戴绿的旅行者，也有著名的建筑摄影大师贺天宁先生，他说：见到彭家岭村的土坯房，我就不想走了……

村子里唯一的砖木结构的"芳王公祠"，就是彭氏祠堂。祠内碑刻记载，祠堂重建于清嘉庆五年，祠堂正立面为牌坊样式，上面的砖雕石构精美绝伦，竖额有"报本"二字，祠堂两侧墙体为叠落式山墙，内部采用木结构，梁枋施以雕刻彩绘，下金枋刻有"兰桂腾芳"四字。

江西解图之神秋意先生认为，芳王宗祠的部分细节可以看到明晚清初的影子，但从整体来看，下限应该在康熙年间。

秋神说：如果是宜黄的，就要在康熙的基础上推后50年，因为偏僻地区建筑往往受潮流影响较慢，会保留很多早期的作法。

如今家家户户都用上了自来水，彭家岭唯一的水井已经荒废了。

妇女在剥莲子，老人在饮茶，仔细看，大门下还有一副棋盘，而三条狗狗环绕膝下……彭家岭留守老人彭升藤（音）一家其乐融融的生活略见一斑。

售卖黑豆与红辣椒，也是彭家岭的主要产业。

　　种下的豇豆吃不完，剥下了晒干备用，是彭家岭的传统习惯。这两位妇女以为我们是乡政府的，一个劲问话："啥时公路可以修进村？"我们后来见到了乡里的负责人，他告诉我们，彭家岭公路已经批复了，秋后便可以动工。

　　彭家岭晒秋，也是一道风景。

　　彭冬娥夫妇承包了20亩地，全靠自己耕作，丈夫姓郑也是本村人，他告诉我们，今年早稻收成不错，可收1万公斤粮食。

　　这一栋红色的建筑是福主庙，是村庄中最好的新建筑，福主庙供奉的神仙是晋代道士南昌人许逊，又称许真君。他在江西人心目中有着至高无上的地位，被奉为江西地方保护神。我们在军峰山麓发现了不少的万寿宫或福主庙，说明数百年来当地村民一直保存着本土传统信仰。

福主庙

这栋白色的房屋，是当地为帮助贫困户而将其整修后刷白。有学者认为：黄色土坯房才是当地特色的传统民居。土坯房虽然被认为贫穷落后的代表，但其也是一个时代的代表，是中国传统建筑的一个种类，也是应该得到保护的。

"冬吟白雪诗，夏赏绿荷池。"勤劳淳朴的彭家岭村民，将自己的家园打造得风光如画。

被刷白的房屋

村里家家户户栽种莲子，既美化了村容村貌，也给村民带来丰厚的收入。

神岗自然风光秀美，宜水在村西由南向北逶迤而下，有原始森林群落，是华南虎自然保护区。

神岗村：俊采星驰画栋曜

在灿若星河的抚州古村落里寻寻觅觅，宜黄神岗是一不可不访的千年古村！

这里是抚州最大的应氏聚居村庄，宋代这里出了位天文学家——应昷。应昷（986~1057年）自幼聪颖好学，勤于分析思考，精通经史，却淡泊功名。毕生精研天文历法，探索天象奥秘，推算宇宙星体运行变化规律。著有《天象义府》9卷、《浑天左右全体星图》等书，书中图文并茂，内涵丰富，"于象数之外，得精义所在"。

神岗的门坊很少有匾额

　　一千年后，这里又诞生了一位当今世界数学领域的传奇人物——应明生，应明生，宜黄神岗人，1964 年生，一位只有大专学历的计算机理论研究专家，他14 岁考入大学，28 岁就被晋升为清华大学教授、博士生导师。他还是国家教育部长江学者奖励计划特聘教授、国际模糊系统学会（IFSA）副主席、中国系统工程学会模糊系统与数学专业委员会理事长、中国系统工程学会模糊系统与数学专业委员会主任、中科院软件所学术副所长……

　　古人云：山川秀丽之处有灵秀之气，必能孕育出杰出的人才。我一直在猜忖，也一直想亲眼看一下，诞生这两位神童的神岗，究竟是怎样的一方灵秀山川？

　　我第一次去神岗，是在 2004 年 3 月，接受的任务却是调研戏曲的活化石——神岗跳傩神。神岗傩舞是流传于当地的一种民间舞蹈，以祈福祛邪逐疫为主旨，动作原始古朴稚拙，并伴有诙谐情趣，跳起来亦庄亦谐，意境文雅清静。

　　神岗地处抚州第一高峰——军峰山北麓，位于宜黄县东南面，距县城 43 公里。神岗村自然风光秀美，宜水在村西由南向北逶迤而下，有原始森林群落，是华南虎自然保护区。其中蜜橘、百合、荷花、莲蓬、烟叶、茶叶、闽笋、香菇、云耳，是神岗特产。

神岗傩舞是当地一种民间舞蹈

《宜黄县地名志》中"神岗汝南应氏十四修宗谱"载，北宋元祐年间（1086~1093年），应姓由仙桂乡金童山析居之。以村北冈上的神庙而命名。神岗应氏现有1360余人，占全村总人口的72.5%。应氏源于信州，后又徙居靖州。李唐时，圣宗公为九江参军，次子昭乾公徙居宜黄金童山，尊为神岗应氏一世祖。

后九世祖若虚公，迁居神岗，至十七世东齐公，得谱图于信州，始修神岗宗谱，尊昭乾公为神岗应氏一世祖。而后生齿日盛，人文鼎盛，分支分派，各择一方卜居开基。

神岗自然风光秀美，宜水在村西由南向北逶迤而下，有原始森林群落，是华南虎自然保护区。

春节期间，家家户户去傩神庙虔诚地开展祭祀活动。

    神岗老街，古朴深邃。神岗老街至今还保存有少量的传统建筑。

    神岗这栋五滴水的传统建筑规矩严整，十分考究，是研究宜黄南部明清建筑的实物资料。可惜的是匾额被遮挡了，看不到内容。

    这栋八字门坊，全部为上好石料砌成，其装饰明快简洁，有明代建筑遗风。

    神岗最古老最有价值的当属这栋只剩下半截的官厅建筑。

    神岗这栋有明代气象的官厅，因右侧拆盖了新屋，只剩下半截了。

    斗拱、梁柱、柱础这些建筑构件均显示了其明代风格特征。

神岗老街上这座八字门坊，似一姓家族的独立关栏。

神岗这栋民居，二层楼上的窗根雕刻繁复，应是清代中晚期的建筑。

丰家山：在地愿为连理枝

哲人说：世间万物皆有情，只是未到情深处。白居易诗云：在天愿作比翼鸟，在地愿为连理枝。汤显祖曲唱：情不知所起，一往而深！

我说：去宜黄神岗乡丰家山村吧？看看那里的两棵银杏树，瞧瞧他们是如何缠缠绵绵越千年的！

丰家山，位于神岗南面18公里军峰山之西麓，海拔近1000米，是该县离军峰山最近的一个村落。《宜邑韩氏八修族谱》载，明万历年间（1573~1619年），韩姓由固源析居。因地处山水秀丽之地，古有"山可采，水可钓，沃野膏腴可种"之称得名。由于山高路远人迹罕见，更因为丰家山人自觉保护野生动植物的意识，这里至今还存活着譬如银杏、红豆杉、长柄霜花木等国家一二级野生保护植物。

我今天说的是位于丰家山村口的银杏树。

我是2010年8月10日，首次走近丰家山村的，远远地就看见两棵参天大树，肩并肩地屹立在村口，绿盖如荫，遮天蔽日。据陪同采访的神岗人告之，这两棵银杏树有千年历史了！

我环绕着银杏树仔细观望，只见两棵银杏挺拔苍劲，树下盘根错节，树上枝叶相连。两树大小略有区别。两树连在一起，需要10余个健壮的青年牵手才能合围。

十分稀奇的是，在两树高约1米处，右边的树竟然将一只粗壮的胳膊伸展到左边树的身上，两树由此连成一体，不能分开。2米之上，两树又各成体系，形成了一"H"状的奇特造型。世间万物皆有情，诚哉斯言！

那年，我们曾特地去丰家山拍摄银杏叶黄的景色。

232

两个调皮的女孩直接就爬到两棵银杏树拥抱处。我见她们坐的地方已经被摩擦得光溜溜的，看样子，这里是村童们的乐趣所在，或可说是他们今后的乡愁所在吧！

记得当时领路的乡干部有些好奇地问："这样的树还能上报纸？"得到肯定答复后，他又说："那你是第一个来神岗写这一报道的记者。"

我到这个地理位置十分偏远的山村采访拍摄，惊动了许多人，很多村民拖儿带女前来瞧热闹。两个调皮的女孩直接就爬到两棵银杏树拥抱处。我见她们坐的地方已经被摩擦得光溜溜的，看样子，这里是村童们的乐趣所在，或可说是他们今后的乡愁所在吧！

村里一80多岁的韩姓老人告诉我，这两棵银杏树，一雌一雄。雄树只开花不结果，只有雌树才会开花结果。韩姓老人说："很多年前，村里曾来过一秀才，他见到这两棵树后，说这叫连理树，又叫合欢树。"

"一石成桥过千年。"学生小颖走过的这座石桥，是以一块天然大石砌成的，可见丰家山村民的建造智慧。她当时在宜黄一家单位工作，是那年唯一陪我进大山里采访的人。

丰家山以石头多且大出名，这块石头，都赶上半栋楼房那么大了！

好山有好水，这一处瀑布也是非常有意境的。

那天，我在村里拍摄之际，一对穿着黄色情侣衫的青年男女，从我镜头前走过，这一对俊男靓女引起我镜头的追踪，我问过村民，他们就是本村人，这应该只有军峰山一方水土才能养育出。

在连理树下见到人间这样美好的一对青年，我恍然有种感觉，这或许是千年银杏连理枝的化身，知道我来拍摄，演绎成了现代版的牛郎织女般的故事⋯⋯

丰家山村的又一大奇宝，千年红豆杉树，它生长在路旁的峭壁之中，一任风吹雨打，屹立千年。

又到了一年最美的"碧云天，黄叶地"季节，抚州摄友正跃跃

这棵生长在路边的红豆杉树，也是丰家山的一件宝贝。

欲试重上丰家山再睹连理枝风采。但却传来一个坏消息——丰家山因遭受地质灾害，洪水冲垮了粗大的银杏树，这千年连理枝如贵妃杨玉环一般香消玉殒了——"马嵬坡下泥土中，不见玉颜空死处"。

友人清风涟漪曾为此题诗：

几寒几暑过千年，一世一代又公孙。

历经沧桑连理枝，惋惜无尽伤心中。

"一石成桥过千年。"小颖走过的这座石桥，是以一块天然的大石砌成的。

丰家山的高山蔬菜，是村民致富的支柱产业。

丰家山以石头多且大出名，这块石头，都赶上半栋楼房那么大了！

大雄关如今是抚州爱国主义教育基地，山下种植了一片桃林，每逢清明时节，就会有许多市民前来旅游。

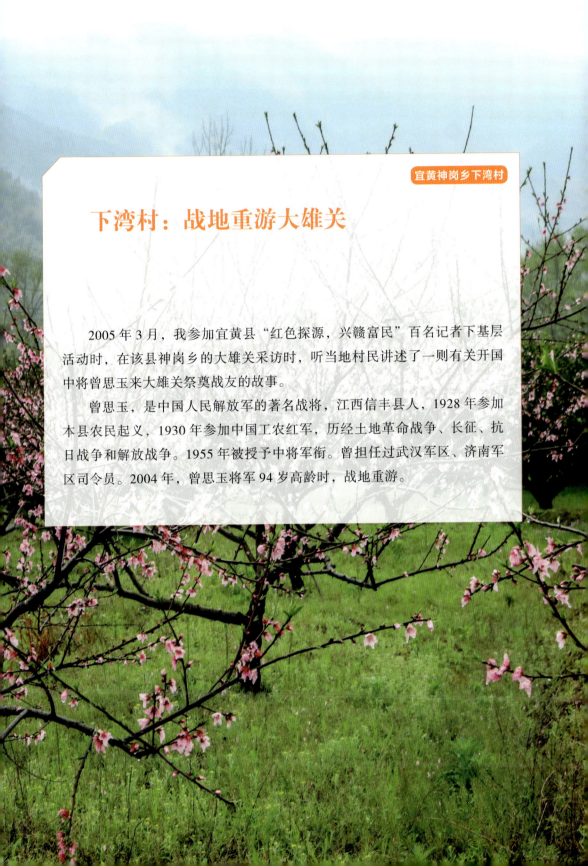

下湾村：战地重游大雄关

　　2005 年 3 月，我参加宜黄县"红色探源，兴赣富民"百名记者下基层活动时，在该县神岗乡的大雄关采访时，听当地村民讲述了一则有关开国中将曾思玉来大雄关祭奠战友的故事。

　　曾思玉，是中国人民解放军的著名战将，江西信丰县人，1928 年参加本县农民起义，1930 年参加中国工农红军，历经土地革命战争、长征、抗日战争和解放战争。1955 年被授予中将军衔。曾担任过武汉军区、济南军区司令员。2004 年，曾思玉将军 94 岁高龄时，战地重游。

将军向大雄关深深地一鞠躬，然后用高倍望远镜向大雄关深情地眺望。

曾思玉将军当时刚动完手术，是江西驻军某部队用担架把将军抬到大雄关下的神岗乡下湾村。将军说，大雄关是他和战友们浴血奋战了两天两夜的战场，许多好战友常眠在那里。当年他也险被国民党军队抓捕，是一条茂密的水沟掩护了他，让他逃过一劫。

"不到大雄关，我死不瞑目。"将军吐出了肺腑之言。2004年的夏天，在有关部门和其亲属的帮助下，他不顾体弱多病，终于来到了宜黄神岗乡大雄关隘防御战主战场，由于山道崎岖险峻，他只能到达这个离大雄关最近的村庄里。

此时，他脱下帽子，向大雄关深深地一鞠躬，用高倍望远镜向大雄关深情眺望。然后，将军向随行人员讲述了大雄关隘防御战的壮烈场景，缅怀当年在这里浴血奋战而牺牲了的战友们。

大雄关位于宜黄县神岗乡下湾村，是古代通往闽粤的主要通衢。

大雄关始建于清顺治八年（1651年），同治八年（1869年）重建。

300多年了，大雄关上的雕刻字体仍然十分清晰。

大雄关防御战是中央苏区第五次反"围剿"防御战的主战场。1933年11月中

300多年了，大雄关依然耸立，关隘上的雕刻字体仍然十分清晰。

2005年4月，抚州记者采风团的一行人在大雄关留影。

旬，中央红军红一军团第1、2师和红九军团第14师进驻宜黄县党口、神岗、圳口一带，不时向荇源桥突击，并进入南源、余家山等地活动。

16日，敌军长吴奇伟率第3、9、90师由南丰、南城进至宜黄县境内。红军得悉情报后，主力撤回圳口、神岗等地，先行占领有利地形准备侧击。17日，敌第3师向云盖山发起进攻，扼守该山的红第14师第41团第2营奋起反击，打得十分顽强，但因兵力

樟岭村的这位村民告诉我们，那年将军一行人就是在这个位置眺望大雄关。

大雄关上有一座古庙，从这座香炉上的纪元看，是清代乾隆年间的。

相差悬殊，阵地失陷。

19日，敌第9师由南城鲲塘进至宜黄县下湾，计划经中堡、漳岭、大雄关向党口前进，并派出飞机掩护，顺着山谷轮番低飞扫射。红第2师第4、5团坚守在大雄关、西岭山一带，用重机枪、轻机枪、步枪组成火力网封锁敌军前进的道路。敌第49、50、51、53团在飞机卵翼下用轻重火力发起猛烈进攻。经过多次争夺，敌第51团团长被红军打伤，敌第52团阵地被红军突破。因敌军兵力多、火力强，还是抢占了木鱼嵊附近的制高点，对红军十分不利。

红第1师第1、2团和红第2师第6团多次发起攻击，未能攻克，一直激战到 21 时，红军才从大雄关向西南方面转移。红第 2 师政委胡阿林在战斗中壮烈牺牲。

在这次战斗中，曾思玉将军所部被敌打散。将军先是藏在一条水沟里，然后一人突围出来，因黎明雾浓不辨方向，见山间有一小屋，敲门进，与老乡说："我是红军的侦察员，大部队在后面。"老乡信之，以红薯招待。将军叫老乡带路，并嘱老乡带一捆马尾松，每行岔路口，置一株，以作路标。老乡真信后面有大部队，故丝毫不敢怠慢。天亮后，将军与老乡言："老哥，你回去吧，我会走了。"老乡拔腿就跑。将军由此而走出敌军重围，回到红军部队。

告别大雄关，回忆戎马一生，曾思玉将军在车上朗声大笑说："我只能说是一员'福将'，一生身经数百战，历险五十余次，均大难不死。"

有关这一段历史，在后来的神岗采访中，也得到了下放神岗乡上东源村的知青野老的证实。野老 50 年前在神岗上东源村插队，距大雄关仅 1.5 公里，多次经过大雄关。他给予补充：关于大雄关战斗，当时红军的《红星报》曾有报道，作者是罗瑞卿。另外，大约是 1970 年，当时尧坊大队、神岗公社都办过展览，野老参与了绘图制作，他说，大雄关战斗就是其中重点内容。

如今，大雄关已修通了一条公路，成为宜黄县红色、古色和绿色的一方旅游胜地。

这座古祠堂里曾住过不少的红军战士

初春的军峰山北麓，云飞雾绕，气势磅礴。

杨坊村：三色增辉汝南堂

　　我一直认为，军峰山北麓的神岗是一个既神秘又神奇的地方，它留下了我太多探索、发现的脚印……

　　我攀过神岗的鱼牙嶂，追寻过华南虎的行动轨迹……

　　我爬过神岗的丰家山，膜拜了千年连理枝的婀娜风姿……

　　我登过神岗的大雄关，聆听了遥远的硝烟弥漫的战争故事……

　　我穿过神岗的花萼街，寻访了一代数学天才的成长心路……

　　己亥早春，潇潇雨季，在不到一个月的时间里，我三次驱车来到神岗，过龙岗桥、袈裟桥、沿古驿道重上大雄关……

那日，饥肠辘辘的我们，在神岗小店品味农家小菜之际，淳朴的店主闻说我们要去看杨坊村的周氏宗祠，特地找来了杨坊村民周老带路。

杨坊村给了我们太多的意外惊喜，发现这是一个集红色、绿色、古色为一身的美丽乡村。

杨坊周氏宗祠是明代建筑。杨坊周氏宗祠内硕大的牌匾"汝南世家"。证实自己是百家姓排名第五的汝南周氏，是中国六大贵族之一。《宜黄县地名志》载：杨坊原为杨姓开基，后绝村废。明万历年间（1573~1620年），周姓从霍源村迁此，沿用旧名。

周氏宗祠门坊上的雕刻有夸张变形的"雀鹿蜂猴""马到成功"……是研究宜黄南部建筑装饰难得的重要的史料。

周氏宗祠还是红一军团指挥部旧址。据村民介绍，2017年"赣南等原中央苏区革命遗址保护利用工程项目"投资100多万元进行了抢救性的修复。

在宗祠里，村民指着特地保存的一幅标语："穷人不打穷人，士兵不打士兵。活捉二十八师副师长……"我查阅资料，红军曾捕获国民党二十八师副师长王庆龙，是在第三次反围剿时期。

杨坊周氏宗祠是"红一军团指挥部旧址"，2017年"赣南等原中央苏区革命遗址保护利用工程项目"投资100多万元进行了抢救性的修复。

杨坊周氏宗祠门坊上的雕刻寓意深长，但不知何种石料，黑色显得很厚重。

周氏宗祠里的柱础

杨坊村内还能看见第二次国内革命战争时期的红军标语。

杨坊村这栋八字门坊的民居，原为五滴水的门坊，其斗拱表明建筑年代的久远。据房主介绍，父亲曾告诉他，原来高高的门坊顶，是被国民党的飞机扔的炸弹炸飞了，这也是红一军团指挥部就住在周氏宗祠的一个佐证吧？

我们曾计算了一下，杨坊村距神岗15公里，距县城60公里，是宜黄最边缘的村庄之一，如今杨坊为多姓聚居，村里人气还是很旺。

曾有一位村民告知，数学天才应明生虽然是神岗应氏后裔，但出生于杨坊村。一位村民还给我带路，去参观了应明生在杨坊的老屋。

村民说，这栋房子是数学家应明生父亲建造的。

杨坊没有庙宇，只有这座"万寿宫"，说明这一方百姓信奉的是道教。

最令我们吃惊的是杨坊村居然还有一座年代久远的"万寿宫"！

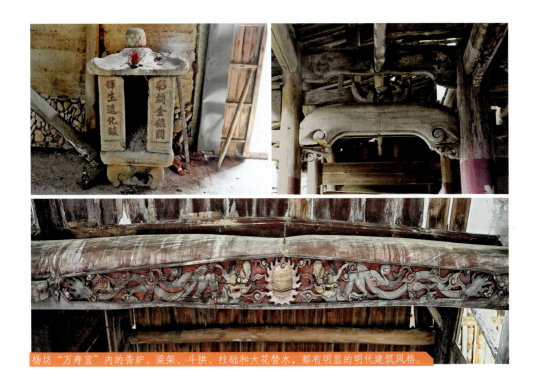

杨坊"万寿宫"内的香炉、梁架、斗拱、柱础和大花替木，都有明显的明代建筑风格。

杨坊村"万寿宫"内的香炉、梁架、斗拱、柱础和大花替木，无不确证其为明代建筑。若经专家鉴定证实，那杨坊万寿宫很可能是抚州最古老的万寿宫了！

梨花盛开的时节，杨坊繁花似锦，千年红豆杉也舒展了嫩绿的新叶，红衣摄影人的无意闯入，点缀了乡间万绿丛中最美的一道风景。

早春时节，梨花香遍原野。

三山环峙，一水萦绕，独特的地理环境造就了党口村令人神往的自然风光……

党口村：三叠奇峰九迥水

　　党口村，位于宜黄县东南部，三山环峙，一水萦绕，独特的地理环境造就了令人神往的自然风光。

　　党口，又称党口墟，旧时属仙桂乡十三都，是周边一带村落商贾货物辐辏处。

　　《宜黄县地名志》载："党口，系大队驻地。位于神岗南部5公里圳口至新丰公路西侧水溪旁。元末，吴姓由棠阴徙此。'党'，所也，因始居住所建立在溪水口而曰党口。此村每月农历初一、初四、初七为墟日，每次赶集者数百人，故又名党口墟。"

党口墟原有长达数里的街巷。近些年来，因街市尽建于新公路旁，古老的街巷被废弃，又因盲目刷白，使得昔日古风不再。

党口墟原有长达数里的街巷，近些年来因街市尽建于新公路旁，古老的街巷被废弃，又因刷白，使得昔日古风不再。

党口自古为兵家必争之地，清初曾在此建大雄关，因山陡地险，隘口有一关而得名，是当时宜黄通往南城、南丰县的必经之地。1933年11月中旬，中央红军为粉碎国民党反动派的第五次"围剿"，红一军团第一、二师和红九军团十四师奉命来到宜黄

党口禅师殿在宜水左侧的丘岗上

县党口一带，向棠阴方向突破封锁线，袭击国民党军，与敌人5个师发生过一场激烈战斗，史称"大雄关战役"。

党口村头有一座百年老桥——袈裟桥，远近闻名。袈裟桥位于党口村水西湾，始建于清光绪三十二年（1906年），高9.8米，宽5米，长30.5米，甚是宏伟。

袈裟桥为一单孔石拱桥，横跨于宜水之上，倒映水中形如一道圆月，四周军峰、鱼牙嶂诸峰连绵不绝，同青山绿水融为一体，甚是古朴雄伟壮观。自古以来，神岗之地，军峰高插天表，宜水出焉，亦东南一壮观也。素有"神冈八景"，为人称道：军峰旭日、雷岭晴云、三叠奇峰、九迴宜水、文印春澜、御屏雾雪、石狮涌浪、天马腾空。

清道光五年《宜黄县志·关津》载："袈裟石桥，在党口，上建观音亭。"就是说袈裟桥原为廊桥。20世纪50年代，为了方便通行，公路部门将廊桥的上部分拆去，改为公路桥梁，数十年过去，袈裟拱桥安然无恙。据传，袈裟桥在当地还有一个传奇，100多年来，石桥一直未发生行人坠亡事件。近些年来，曾经有人夜晚醉酒骑摩托车经过袈裟桥，不慎掉下石桥，尽管桥下全是水和巨石，但跌下去的村民只是负伤，无人死亡。

由于遭受洪水侵袭，袈裟桥桥面发生坍塌，为了避免发生意外事故，交通部门在袈裟桥旁重建一座桥梁。袈裟桥也进行维修加固，在严禁车辆通行情况下，作为一方风景名胜保存下来。近年来，市内外许多的摄影爱好者为这座石拱桥留下了一幅幅靓丽的风景名片……

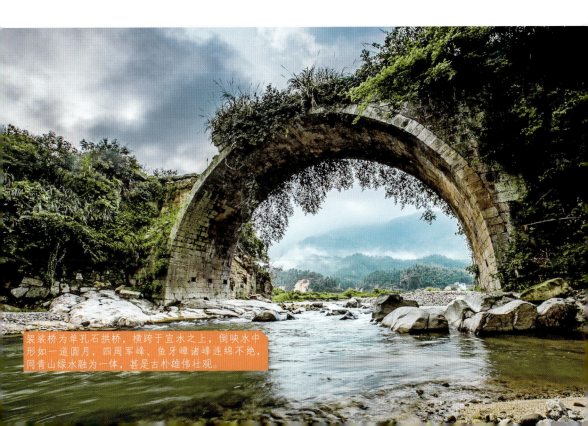

袈裟桥为单孔石拱桥，横跨于宜水之上，倒映水中形如一道圆月，四周军峰、鱼牙嶂诸峰连绵不绝，同青山绿水融为一体，甚是古朴雄伟壮观。

相机慢门拍出的水景有着独特的
魅力，让水有着丝绸般的质感，
有着丰富的颜色层次。

军溪村：溯溪秘境法门寺

　　溯溪，是一种相对独立的户外运动。溯溪运动如今盛行于宜黄，近些年来，宜黄的多个户外登山、摄影组织，在探寻养育他们生命的母亲河——宜水、黄水的源头中，发现了不少神秘的桃源仙境。

　　国庆假日，有宜黄摄友邀请去军峰山麓的军溪村溯溪探秘。

时近晌午，见有村民提着包裹从党口赶圩回来，一位村民正在地里摘菜。心想，在这么远离城镇的小村庄，还有村民在坚守着，实在是难能可贵。

军溪在宜黄县神岗乡卢坊村内，含余家、寺前、涂家塅 3 个自然村。地域约 2 平方公里。明嘉靖年间，刘氏由渣堡迁此，以后有李、涂、余等姓陆续迁此建村。因此处靠军峰山麓溪水两旁，因名军溪。

军溪村在海拔 900 多米之上，这里重峦叠嶂，植被繁茂，灌木葱茏，人迹罕至。

军溪除了有枯藤老树的诗意外，它还是珍稀植物南方红豆杉、银杏树繁育的天堂。

这天是党口村的圩日，时近午时，路途遥远，军溪人才赶集归来。一位村民在自家菜地里摘菜，这样无污染的高山蔬菜，如今已是餐桌上的奢侈品了。

溪水里有我们无穷的乐趣，沿此地溯溪而上可以看见宜黄历史上佛道合一的法门寺，法门寺有"不二法门"牌坊，全石结构，是抚州地区罕见的佛道牌坊，明嘉靖丙寅（1566 年）由僧无边建。

法门寺又称"混元堂"。据《宜黄县志》载："混元堂，明嘉靖庚申（1560 年）僧无边建。益王（明皇家宗室）赐'真空妙湛'匾，罗近溪（汝芳）书'虚名法界'匾。丙寅（1566 年），无边复建'不二法门'牌坊。"不二法门，原为佛家语，意为直接入道，不可言传的法门。

"不二法门"又名"浑元堂"，为明代石牌坊建筑。

　　因法门寺地处军峰山主峰脚下，自古以来，这里就是香客游人等临军峰山顶必经之路和歇息之处。

麻坑村：得胜桥畔太子庙

　　2007年10月，因宜南公路永兴古桥的封闭，宜黄县城去圳口乡公路不甚通畅。我们一行人绕道数十公里从南城里塔镇前往圳口，其行目的只有一个：去圳口乡麻坑村探访船形古屋。

　　在麻坑村，我们发现，该村不仅有船形古屋，还有"得胜桥""太子庙""唐明皇行宫""廊桥""吊脚楼"等这些人文景观可供人游览。此外，麻坑村的自然风光也是十分的迷人——一条清澈的溪水环绕村庄，麻坑有蜜橘、白莲、桃、李、梅等植物可一年四季供游人观赏，使得去过麻坑的人都说，麻坑村如陶渊明描绘的世外桃源一般美丽。

麻坑在圳口东南5公里山坑溪水两旁。《华溪冯氏十修宗谱》载：元泰定年间（1324~1328年）冯姓由仙十都南畲徙居之。以山水秀丽初名华溪，后因种植"黄麻"遍及全村而得名。

砍开一丛茅草，一栋船形古屋凸现

麻坑是近几年才修通了村级水泥公路的，公路就修在村子的西北面的山坡上。那年8月，由于公路边上的茅草太长，遮挡了右边行车道的视线，村民丁某奉命前去将那堆茅草砍去，在茅草被砍尽之后，他站在山坡公路上远远地向村子里眺望。

突然，他发现靠近溪边的那栋古屋像一艘行进中的船，当时正值涨水季节，只见溪水从山涧里汹涌而下，而古屋像船一般在溪水中乘风破浪地前进，丁某赶快将这一景象告诉了村干部，后来乡里请来了县上的文物考古专家，对船屋进行了初步的鉴定。

21世纪初，船形建筑在抚州甚是走红，当南城、黎川、广昌相继发现船屋后，宜黄的这条船形建筑，也引发了一些学者的关注，并前往考察。

镇干部张建苏长期驻麻坑，早年他曾在村里的一廊桥两旁的石雕上看到了几行刻字，居然记载的是唐天宝年间唐明皇路过本地的故事。

麻坑的船屋远看犹如一艘行进中的船，有船头、前舱、后舱、甲板、船篷之分，船头朝向东南，有青山在侧，又依水而建，恍如巨船乘风破浪。

船屋内有9间大小厅堂、18间房间，且都是木质结构，房屋高5米以上，两至三层，一律青砖灰瓦，雕梁画栋，飞檐翘角，古朴雅致，掩映于乡村绿荫之中。据当地村民介绍，数百年来，村里经常会遇到洪水，滚滚洪水多次穿过这座老屋屋堂，然而老屋却丝毫不受损坏。

太子庙、得胜桥的故事

从老路进麻坑村，一定要经过一座桥，这座桥名叫得胜桥，得胜桥是一座建于明代的古桥，桥高高地横跨在溪流之上，其拱形犹如一轮弯弯的月亮。得胜桥的左侧，便是不知有多少年历史的太子庙。

麻坑村的太子庙建筑宏伟，造型古朴，历史悠久。

那年，圳口乡农技站干部张建苏陪同我前往麻坑采访。张建苏从学校毕业后，在圳口乡工作20多年，他一直挂点在麻坑村，对该村的风俗民情甚是通晓。

据张建苏介绍，太子庙又名汉清宫，供奉的是汉高祖刘邦和他的四个儿子的

得胜桥是一座始建于明代的古桥，桥高高地横跨在溪流之上，其拱形犹如一轮弯弯的月亮。得胜桥的左侧，便是不知有多少年历史的太子庙。

塑像。庙几经兴废。后来到了明代末年，村里曾发生瘟疫，疫症迅速蔓延，有人归咎妖魔鬼怪作祟，村民建议重修庙宇，并赴四川迎接太子神像来麻坑驱邪镇妖。供奉神像出巡后，本村的瘟疫便告停止，因此再建太子庙以作纪念。现时庙内仍留存一些明朝末年的历史文物，如钟、鼓、砖、瓦等，均刻有"崇祯"字样，表示在明末崇祯年间制造。

另外，麻坑村自古属驿道，是宜黄通往闽越之咽喉。清咸丰年间，时有倭寇从水陆路入侵宜黄，麻坑村民在太子庙聚众，誓死捍卫家园，村民在太子庙里立下誓言，同仇敌忾打击倭寇。在一个风高月黑的夜晚，30余倭寇果然进犯麻坑，村民用土铳、标枪伏击了倭寇，大获全胜，后来，古桥便改名为得胜桥，庙内还增设得胜殿。

得胜桥近景

廊桥与行宫的传说

走进麻坑村，你会看到这里溪港纵横，连接小村的有好几座桥，其中包括两座廊桥，廊桥是让路人在此遮风避雨的，有木桥也有石桥。

廊桥两旁的石雕上刻有几行字，居然记载的是唐天宝年间唐明皇路过本地的故事。在廊桥的旁边，还有一座巨大的行宫，砖石木质结构，总共有2000多平方米，行宫内目前还保留有一个舞台。据传，唐明皇曾在这里观看过演出。新中国成立以来，这里是公社放电影和文艺演出之地，现在被用作竹木加工场所。

麻坑本来就有街市的，如今，村民经营农家饭菜，游客也可自己去橘园里采摘菜蔬，以享受农家乐之游的野趣。

麻坑以山水秀丽初名华溪，后因种植"黄麻"遍及全村而得名。　如今烟叶、橘子是该村的主要产业。

永兴古桥下游形成的大小瀑布群，非常壮观。

龙岗村：日久他乡即故乡

客舍并州已十霜，归心日夜忆咸阳。

无端又渡桑干水，却望并州是故乡。

这首唐诗又名《旅次朔方》，写的是客居他乡的人，总会时不时地生出无限乡愁。人是恋旧的物种，当长期在一个地方生活时，一定会在不知不觉中熟稔这个地方，甚至完全把其当作自己的第二故乡。而那个出生的地方只会慢慢地成为自己记忆中的故乡。这种感觉，在当今这个时代，显得尤为强烈。

　　无巧不成书！我与宜黄圳口乡龙岗村的际遇，印证了这一民间俗语。竟也真切地聆听到一位浙江移民"年深外境犹吾境，日久他乡即故乡……"的乡愁故事。

　　2019年3月16日上午，我们一行驱车宜黄去神岗看袈裟桥，从圳口转入神岗山道的拐弯处，忽然眼前一亮，右侧有一座古朴的三孔石拱桥，静静地躺在青山绿水之中，十分惊艳！

　　我过去来宜黄采访时，曾多少次经过这一地段，都没有注意到有这么一座石拱桥，唯独这一次来了个"蓦然回首"！

　　几乎是同时有人喊：停车！顾不得此时已过晌午，饥肠辘辘的我们，抱起相机毅然地朝石拱桥奔去。

　　我们询问一位村民，答道："龙岗桥，清代的，属古老三孔石拱桥。因桥处龙岗而得名。 1969年我们刚迁来时，还看见了桥面上有石刻铭文。后来为了安全，桥面上用水泥做了护栏，石刻便不见了。"村民很热心，笑着回答了我一连串的提问，听得出来，这位村民不仅有心，还是个文化人。

龙岗桥，清代早期始建，属古老三孔石拱桥。因桥处龙岗而得名。

从这个角度看龙岗桥，像似人的一只瞳孔。

从他有点浙江口音的普通话言语中，我似乎猜到了他可能是浙江移民。

"是的！我们是浙江新安江移民，来这里已经50年了！"村民名叫余梅生，是浙江遂安县（后来统称淳安县）安阳镇人，1969年他20岁，中专毕业，在小镇供销合作社已工作几个月了。突然，1969年1月8日，上级动员他全家移民。

仅仅过了四天，1月12日，他便放弃工作，离开家园，背负着这份牵扯不断的乡情，随全家一道来到江西，在宜黄圳口乡重建家园。

一开始，没有房子，他们只能住在当地老乡的牛栏里，后来，他们先是在这里搭建土坯房，开荒种地，以浙江人特有的勤奋，历时五年才完全地安顿下来。

从龙岗桥上俯视，宜水自南而北，清澈见底，两岸群峰苍翠，印在水中的倒影很像漓江山水。

余梅生说，江心的那块绿洲，只有3亩地，但还是被勤劳的村民开荒栽种了柑橘、红薯及蔬菜。

三月，风和日丽，油菜花开，是龙岗最美的季节。

　　望着宁静的山水，我们赞叹说，水面上要是有条船儿或竹排划动就好了！

　　"有哇！我们去江心洲种菜，是划着竹排过去的！"余梅生先带我们绕到桥的下游拍摄，自己就去划竹排了。

　　我们在下游拍得差不多时，余梅生撑着小竹排就过到龙岗桥来了。按照我们的要求，余梅生撑着竹排在水中、在桥拱下划来划去的。

　　最后，余梅生还撑着竹排把我们三人送到了江心洲上拍摄，令我们万分感动。

　　我们在龙岗桥连续拍摄了一个多小时，才依依不舍地离开。

　　因为全部是移民，龙岗村，又被称作新建村，如今龙岗村有 105 户，300 多村民。这里民风淳朴，人才辈出，恢复高考以来，共有 70 余人考入高等学府，有 4 人为博士研究生，其中两人还留学美国。村里有 50 多人从事卫生间隔板制作，利润十分丰厚。

　　临别龙岗村，我问余梅生还会想念淳安老家吗？老余说：曾经朝思暮想的家乡，如今已沉没湖底，老家是已经回不去了，但我们现在在江西生活得很好，已经把江西当成自己的故乡了！

从龙岗桥上俯视，宜水自南而北，清澈见底，两岸群峰苍翠，印在水中的倒影很像漓江山水。

在龙岗村长大的春晓说："虽然是第二故乡，但我早已经把这里当作自己的家乡了，我走过那座有岁月沉淀的石桥，双手捧起过那清澈甘甜的溪水，故乡的人们又是那么的淳朴善良，真的！有一种说不出的亲切感！"

千山万水隔不断浓浓的思乡之情，故乡永远是最魂牵梦绕的地方。那里有我们成长的故事，那里有我们最亲的亲人，那里有我们难以割舍的情感！

这正如"记住乡愁"歌里唱的——乡愁是一碗水，乡愁是一杯酒，乡愁是一朵云，乡愁是一生情，年深外境犹吾境，日久他乡即故乡……

这棵立于桥边的桂花树，高10余米，直径60厘米，需两人才能合围，被称为"桂花树王"。

徐溪村：朱栏倚遍黄昏后

在抚州，也许只有宜黄这样的山区，会出现这一状况：一个行政村，居然管辖了 21 个自然村。据 20 世纪 80 年代的统计，这 21 个自然村最大的有 54 户 275 人，最小的自然村只有 1 户 3 人，这个行政村便是宜黄县圳口乡徐溪村，其 21 个自然村分布在崇华山、红石山、来理嵊等大山深处。

2007 年 10 月，我第一次驻足徐溪村，吸引我关注的并不是自然村的数量，而是这里藏有三件宝物——千年红豆杉、400 年桂花树和约 20 米长的"美人靠"。

记得那天镇干部先是带我去了圳口麻坑村，然后经尚贤村再去徐溪，在尚贤村，我们看了一座全木制的廊桥。

廊桥名叫金石桥，2002 年 12 月由当地村民捐资重建。廊桥是一种有屋檐的桥，可遮阳避雨，供人休憩，交流，聚会，看风景，是民间工匠智慧的结晶。

在徐溪村园里村小组的村口石桥的两旁，各自生长着一棵距今 400 多年的金桂树和千年红豆杉。

桂花树高 10 余米，直径 60 厘米，需两人才能合围，被称为"桂花树王"。那年，曾有一外地客商以 30 万元的价格寻求购买，被村民一口拒绝。村民说："老祖宗留下的镇村宝物，你就是花 300 万我们也不卖！"

据该村一邓姓人讲述，明朝正德年间，邓氏的祖先进京赶考，落第而还，心情不畅，在归途中偶尔路经此地，发现这里重峦叠嶂，茂林修竹，鸟语花香，气候宜人，遂产生在此隐居的念头。于是，他便在该地狐狸寮的山窝里搭盖了一个草棚，过起了世外桃源般的隐居生活。

"金石桥"，有屋檐，可以遮阳避雨，供人休憩。

桂花树王

后来，他的亲朋看他执意不归，便捐了钱财，让他在狐狸窠边建了一栋房屋，并送了一棵桂花树苗，邓氏便将桂花树栽种在屋前的溪水边。如今这棵历经了四百多年风霜雪雨的金桂树依然挺拔，枝繁叶茂。

令人惊奇的是，在1990年的那场特大冻害中，这棵桂花树被冻死了许多枝丫。但是，近些年来，这株金桂树因受冻而枯萎的几枝树杈中又长出了新的树枝，而且越来越茂盛，被当地人称为桂花树王。每逢金秋八月，丹桂飘香，引得四方游客纷纷前来观赏。

经林业部门的测定，这株粗壮而又高大的红豆杉，已历经了上千年的风霜雪雨。

红豆杉，是世界上公认濒临灭绝的天然珍稀抗癌植物。徐溪红豆杉是中国南方红豆杉的其中一种，是第四纪冰川时期孑遗植物，是中国特有树种，分布于甘肃南部、陕西南部、湖北西部、四川等地，多见于1000米以上的山地上部未干扰环境中，已被列为一级重点保护植物。经植物学家现场测量和技术鉴定，这株粗壮而又高大的红豆杉，已历经了上千年的风霜雪雨。

看过了红豆杉与丹桂树，在镇干部的带领下，我们又去徐溪坑边自然村欣赏那20余米长的"美人靠"。

"美人靠"也叫"飞来椅""吴王靠"，学名"鹅颈椅"，是一种下设条凳，上连靠栏的木制建筑，因向外探出的靠背弯曲似鹅颈而得名。其优雅曼妙的曲线设计合乎人体轮廓，靠坐着十分舒适。通常建于回廊或亭阁围槛的临水一侧，除休憩之外，更兼得凌波倒影之趣。

传说中，美人靠乃春秋时吴王夫差专为西施所设，纠缠了诸多美丽的哀愁。古时，妇女尤其贵族阶层的妇女皆深闺居处，抛头露面是不被允许的，活动场所与精神世界都极为有限。百无聊赖之际，她们只得妆楼瞭望、凭栏寄意。

那些美人靠，曾印下多少蹙眉凝眸、引颈顾盼的寂寞身影？君不见，唐代之后的诗词歌赋里，"朱栏倚遍黄昏后"的闺怨是怎样被一遍遍地咏唱？当然，倚栏举目、肠断天涯也并非女子的专利；"独自莫凭栏，无限江山，别时容易见时

坑边村"美人靠"的建设者们，或是一位好读诗书人，在自己的家乡，刻意营造一种对田园安宁、平静生活的羡慕与向往的诗情画意！

难"，"把吴钩看了，栏杆拍遍，无人会，登临意"——大抵，心有所系而难以遣怀的人都偏爱那一道曲栏。

看见村妇与小娃娃们在"美人靠"及屋子里剥豆子的情形，忽然就忆起来辛弃疾的诗意："茅檐低小，溪上青青草。醉里吴音相媚好，白发谁家翁媪？

小娃娃们在"美人靠"上剥豆子的情形，仿佛辛弃疾的诗意："茅檐低小，溪上青青草。醉里吴音相媚好，白发谁家翁媪？大儿锄豆溪东，中儿正织鸡笼，最喜小儿亡赖，溪头卧剥莲蓬。"

大儿锄豆溪东，中儿正织鸡笼，最喜小儿亡赖，溪头卧剥莲蓬。"

或许坑边"美人靠"的建设者们，是好读诗书之人，在自己的家乡，刻意营造一种对田园安宁、平静生活的羡慕与向往的诗情画意！

夺中村：晓来谁染霜林醉

　　每当晚上回到家中，躺在那充盈着银杏叶儿香味的枕头上，心中就会有一种感动，就会想起宜黄南源乡夺中村的封志才老人。

　　这枕头是年已九旬的封老，从村头的那棵古银杏树下一片一片地拾掇了洗干净后晒干了打包，再从100多公里外邮寄而来的哦！

　　每次去夺中村，总会看到封老的影子，热情地领我们看祠堂，介绍村情，拍摄银杏树……

封老是一名退休老师，子女都在城市里定居，也劝过老人一同到城市生活，但老人留恋故土，依旧在村子里守望着。

如今，古村里这样的老人是越来越稀少了……

夺中村位于宜黄县南源乡，距离宜黄县城 30 余公里。夺中因有五件宝物，被誉为藏在深山里的一颗明珠。这五件宝物分别是：千年银杏、五百年红豆杉、梅氏节孝牌坊、封氏祠堂与仁和仙桥。

"仁和仙桥"是一座多功能的廊桥。廊桥有顶，可遮阳避雨、供人休憩、交流、聚会。"仁和仙桥"祭祀面积巨大，几乎占据了整个廊桥。

"仁和仙桥"桥底

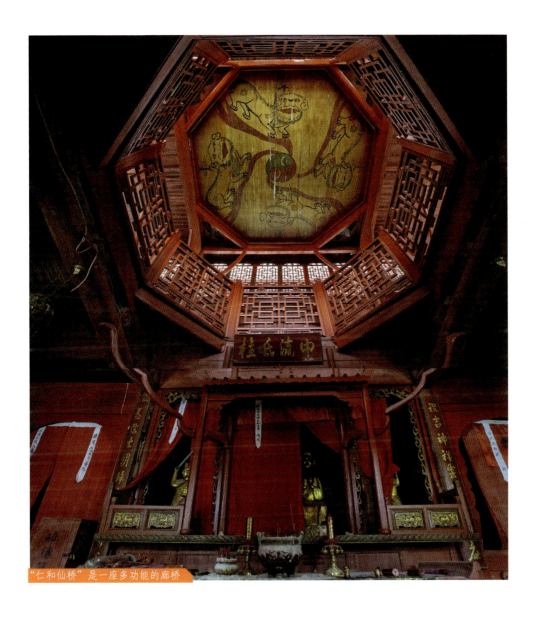

"仁和仙桥"是一座多功能的廊桥

　　初冬时节，走进夺中村，远远地便望见后龙山上高耸入云的银杏树、红豆杉和巨大的红枫树，红、黄、绿交相辉映，层林尽染，在这油画般色彩掩映下的是青砖黛瓦的老屋，田间有金黄的草垛，轻轻游荡的氤氲岚气。

　　夺中村以封姓为主，是一个有600多年历史的古村。据夺中村谱记载，1368年，朱元璋创立大明王朝时，时局不太平，夺中的始迁祖景二公到宜黄游走，见这里山清水秀，若世外桃源，遂于此地开基建村。

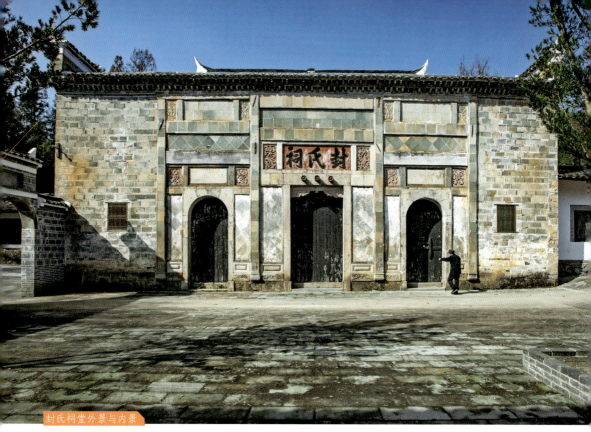

封氏祠堂外景与内景

封氏祠堂为清代顺治年间建筑，有明代遗风，宗祠内砖雕、木雕、石雕精美。建筑规模宏大，内设戏台，春节期间多有民间戏班来此演出。

封氏祠堂为清代早期建筑，有明代遗风，建筑内砖雕、木雕、石雕精美。建筑规模宏大，内有古戏台，春节期间多有民间戏班来此演出。祠堂四壁刻有忠、孝、节、廉大字，足有两米之高。祖宗牌列有封氏历代祖先神位，祠堂内还陈列有宋仁宗赵祯御赐"开国元勋"长平侯封廷忠的牌匾的复制品。

在夺中村的东北，保存有一座梅氏节孝牌坊，牌坊的第一层刻有"旌表太学生封峻之妻梅氏坊"，两旁刻有"霜松""雪柏"大字，雕刻精细，玲珑剔透。牌坊坚实纯美，庄重威严。牌坊上还凿雕有精美的瑞兽、花果、人物、书法和八仙图案等装饰。

"节孝坊"是古时经官府奏准为表扬节妇孝女而立的，太学是明清时国子监的俗称，太学生指在太学读书的生员，亦是最高级的生员。学生多由省、府、州、县学生员中选拔。

到了下南坑村，我特地从仁和仙桥桥底进行观察，只见"仁和仙桥"是一座榫卯结构的木质建筑，一座木伸臂平梁廊桥，其构造是在石桥墩上用原木横纵叠涩组成伸臂，上架木梁并加盖廊屋。有关人士说，仁和仙桥有可能是抚州目前仅剩榫卯结构的木廊桥。

夺中村梅氏节孝牌坊雕刻精细，玲珑剔透。牌坊坚实纯美，庄重威严。

余家山村：长天一色高风晚

　　甲午岁深秋，"古村之友"组织了一次"采撷抚州最美秋景"的活动，其地点在宜黄南源乡。数年过去，那些曼妙的影像瞬间至今令人难于忘怀。

　　那年的 11 月 23 日，古村群 8 位群友先后驱车南源夺中村，那里草木丰茂，有千年银杏、有红豆杉、枫树等珍稀植物，生态环境极佳。

秋冬之际，银杏、枫叶交相辉映。宋人范仲淹词云："碧云天，黄叶地。秋色连波，波上寒烟翠。山映斜阳天接水。芳草无情，更在斜阳外。"

在夺中后龙山，我们追逐着满天飘洒的银杏树叶，慢慢地就记起来这又可以入唐人王勃的诗句："长江悲已滞，万里念将归。况属高风晚，山山黄叶飞。"

余家山环村皆是丘岗，树木葱茏，银杏叶片儿金灿灿的。

中餐时，热情好客的村民斟满了自酿的米酒，我不胜酒力，几杯下肚，便被灌得迷迷糊糊，在返途车上的颠簸中，似睡非睡地迷糊了好一阵子，就听有叫下车的声音。

背起相机，睁开醉眼，定睛一看，这又是一个陌生而古老的村庄了。

"黄老师，这个村庄叫余家山，古宅很多，我也是最近偶然发现的，要不早就让你来宣传了……"

　　说这话的是宜黄县委宣传部的劳工，他可是我在宜黄寻访古村的一颗吉星，我多次从他处获得信息，蛟湖、拿山、丰家山等一大串的古村都有他随行的足迹。

　　没有思想准备，余家山是劳工给了我们此行的一个意外的惊喜。

　　村口遇到90岁的村民孙冬生，他告诉我们，余家山属于南源乡的一个片村，含里堡、中堡、外堡、墩辈、沙背五个自然村，为吴、欧阳、洪、周、熊五姓聚居，以熊姓为早。

　　《宜北熊氏宗谱》记载，南宋隆兴年间（1163~1164年）熊姓从南昌迁此。这就是说，余家山村是有800多年历史的古村了。

　　余家山地处古驿道，是古时宜黄去临川、南城的必经之路。青石板路两旁排满了商铺。

　　首先见得到的是洪氏宗祠，虽然破败了，但门坊及内部的一些装饰图案、雕刻让人寻味。

洪氏宗祠，高大的门坊，虽然有些破败了，但门坊及内部的一些装饰图案、雕刻让人留恋。

在一据说有九十九间房的老宅里，我见到了77岁的村民洪义仲。他说，这房子曾为其家族祖业，土改时分给了村民，前几年，村民纷纷盖新居，这老宅便无人居住了，日久失修，岌岌可危。

他看着心疼，便花钱将房子买了回来，检漏、换梁柱，勉强将这祖业保护下来。

余家山的建筑雕刻多为人物故事，粗犷而又不失精致，大气而又细腻。

余家山地势有些东低西高，大部分建筑在西面。我沿着小溪西行，又看到一栋外观完好的古宅。

这是余家山唯一看到的有牌匾的民居。红石牌匾上刻着四个行书"彩彻云衢"。

时年77岁的村民洪义仲

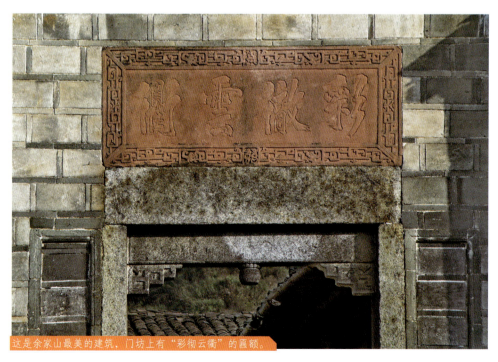

这是余家山最美的建筑，门坊上有"彩彻云衢"的匾额。

夕阳映照着荷锄的村姑，从高高的门坊走出，一幅美妙的诗情画意图。

"彩彻云衢"，语出自唐王勃的《滕王阁序》中的著名诗句："虹销雨霁，彩彻云衢，落霞与孤鹜齐飞，秋水共长天一色。"

有古词专家称，王勃此句曾有"云销雨霁，彩彻区明"和"虹销雨霁，彩彻云衢"两个版本。"云销雨霁，彩彻区明"常见，但"虹销雨霁，彩彻云衢"更形象和贴切，《古文观止》中用的是这个。

年轻人都出去打工了，家中只剩下老人孤零零地留守着，她们顽强地坚持着，挑水浇园，操持家务……

今天，我们所见的这大山里的宜黄清代古民宅里，竟然也用了"彩彻云衢"这样的诗句，不仅说明这个山村有丰富的文化内涵，也从一个侧面佐证了王勃诗句在民间所受到的热捧。

余家山地处古驿道，是古时宜黄去临川、南城的必经之路。青石板路两旁排满了商铺。

王勃用这句诗来描绘鄱阳湖浩瀚苍茫的景色。而余家山明净的天空，一望无垠的田畴，峻拔的群山，同样组合成一幅令人难以忘怀的图画。两个月后，我约了几位摄友，重走了一趟余家山，从西侧小山包上俯视"彩彻云衢"：民居头枕青山，沐浴夕阳，屹立了数百年，那青砖灰瓦马头墙身段依旧古朴隽秀……

　　那是一个晴好的冬日，田埂上到处是劳作的村民，我随着他们的足迹，来到了位于西侧的墈背村。

　　一路上的古井、古碑无不在诉说余家山悠久的人文历史。从密不可分的建筑可见当年的辉煌。随便走进一户村民家中，窗明几净，这个厨房虽然物件很多，但也是摆放得整整齐齐的，锅碗瓢盆看不到一丝污垢。墈背村的宗祠，看上去非常古朴，有明代遗风。那日归途中，彩霞满天。我在想，一次郊游，能两获唐代大诗人王勃诗意，实乃福大莫焉！

余家山的民居

余家山的古井

后 记

卧榻上，有枕头里透出的银杏叶片的幽香，那是夺中村封志才老人从那棵千年银杏树下一片一片地拾掇晒干后邮寄来的。

餐桌里，有黄陂村民秘制的"红妹子"豆腐乳的芬芳；有上狮溪村民晒好的梅干菜淳厚之美味。

和煦春风里，我去江背村看耕耘八卦梯田；炎炎夏日里，我沿着军溪村秘境溯溪而上；"况属高风晚，山山黄叶飞"的深秋，我奔走坑头、丰家山村，拍摄千年连理枝童话意境；隆冬时节，我在庙前村里品味古老的"宜黄戏"声腔，而拿山村"十送红军"的旋律，又时时在耳边萦绕……

《宜黄古村遗韵》系我十余年间行走在宜黄古村落里的盈盈收获，她浸透着宜黄乡情、乡思、乡愁……

江西师大副教授、建筑学博士段亚鹏对此推崇有加："宜黄虽是个偏僻的山区小县，却是临川文化的发源地之一。其传统村落形态丰富，传统民居与临川、金溪等县域建筑相比较，独具个性，有着非常强烈的艺术感染力。本书所选古村，依其特色可分为自然景观、历史古迹、自然与人文和红色文化景观四大类型。作者以其独到的眼光，生动地讲述了古村落的所见所闻，真实记录了古村落的发展历程中的重大事件与重要人物，揭示了密，开阔了我们审视宜黄古村的视野，也为我们游历宜黄古村落提供了导游式的全方位解说，把我们带进了宜黄文化的秘境。"

本书在编辑出版过程中，得到了宜黄县诸多领导的关心、支持和帮助。我的老朋友、宜黄县政协主席谢光明对本书的出版给予了无私的支持和帮助，并撰写序言，对书稿的修改和审定也提出了非常好的意见。宜黄摄协袁小明、黄旭光、曹永平、杨忠文等为本书补充了精美的图片。广昌摄友叶志华也为之倾注大量心血，精心编排，在此一并表示感谢。

为了便于阅读，本书以乡（镇）为序排列，共收宜黄古村镇 39 处，难免有遗珠之憾。囿于编撰能力，书中还会有些疏漏甚至错谬之处，敬请读者批评指正。

黄初晨

2021 年 5

参考书目

1.《宜黄县志》（清同治版）。

2.《宜黄县志》（1993 年版）。

3. 常铖编著：《文化宜黄》（2018 年）。

4. 王炎松："乡土游"新浪博文。

5. 段亚鹏：《抚河流域传统聚落空间形态研究》。